Dpaï
Pilpaï ~~Kirk~~

Y 256

# LES CONTES
ET
## FABLES INDIENNES,
DE BIDPAÏ ET DE LOKMAN.
TRADUITES
D'Ali Tchelebi - Ben - Saleh,
Auteur Turc.
OEUVRE POSTHUME.
Par M. GALLAND.
PREMIERE PARTIE.

R. 3044.

A PARIS,
Chez JACQUES RIBOU, Quay des
Augustins, près le Pont S. Michel.

M. DCC. XXIV.
Avec Approbation & Privilege du Roy.

# PREFACE.

L'Ouvrage qu'on donne ici sous le titre de *Contes & Fables Indiennes*, est la même chose en substance, que celui de la *Conduite des Rois*, que l'on a imprimé il y a plusieurs années, sous celui de *Fables de Pilpay*. Ainsi, il semble qu'il n'étoit pas necessaire de les accompagner d'une Préface, & qu'il eût suffit de renvoyer le Lecteur à celle qui en a été faite, sans

## PREFACE.

se donner la peine d'en produire une nouvelle. Mais comme ces Fables sont traduites d'un original différent, & écrit en une autre langue, qui leur donne un air de nouveauté, & que d'ailleurs il y a des additions à faire, & des éclaircissemens à donner, pour ne pas dire des corrections, après ce que l'on en a déja dit; on espere que le Lecteur ne trouvera peut-être pas qu'il ait été hors de propos de répeter les mêmes choses.

Cette répetition nean-

# PRÉFACE.

moins, sera d'autant moins ennuyeuse, qu'elle se fera avec des circonstances qui mettront l'origine de ces Fables dans tout son jour. Ce que nous allons dire fera connoître aussi que le titre qu'elles portent dans cette traduction, n'est pas sans fondement.

Le premier Auteur de ces Fables est un Bramine, c'est-à-dire, un de ces Sages, ou Philosophes Indiens, que nous appellons Brachmanes, du mot Grec *Brachmanés*, formé de l'Indien *Berehmen* ou *Barahman* ; &

## PREFACE.

le nom de ce Bramine étoit Bid-paï, composé de deux mots Indiens, *Bid* & *Paï*, qui signifient, *Philosophe Charitable*. Car en Arabe le mot de *Hekim*, par lequel celui de *Bid* est expliqué dans cet ouvrage, signifie un Philosophe aussi-bien qu'un Medecin, soit qu'il n'y ait pas de Medecins qui ne soient Philosophes, ou que les Philosophes, s'ils ne sont pas Medecins, ayent de grands avantages pour le devenir.

Cette réflexion sur le nom de ce Philosophe, n'est pas inutile. Elle fait con-

# PREFACE.

noître l'erreur de ceux, qui contre l'autorité des bons Orientaux, écrivent & prononcent *Pilpai* ou *Pilpay*, nom de la langue Persienne qui ne peut convenir à un Indien, & dont la signification *Pied d'Elephant*, n'a de rapport qu'à un Persien, de qui le pied, par un défaut de nature, auroit de la ressemblance aux pieds d'un Elephant. De plus, on lit *Bidpai* dans tous les ~~ons~~ exemplaires Persiens & Turcs, & non pas *Pilpay*.

 Le sage Bramine que nous venons de nommer,

vivoit sous la domination d'un Roy des Indes trés-puissant, lequel avoit toute la côte de Coromandel jusques au Gange pour limites de ses Etats, du côté de l'Ocean, où l'Isle de Ceïlan, appellée *Sarandib* par les Perses, étoit aussi comprise ; comme il eut consideré que les inclinations de ce Prince étoient trés-louables, il crut qu'il étoit de son devoir de chercher le moyen de le rendre le Monarque le plus accompli que l'on pût souhaiter, pour le bien des sujets

PREFACE. ix

qu'il avoit à gouverner.

Afin de réussir dans son dessein, comme selon la coûtume de tous les Souverains de l'Orient, qui ne sont accessibles à leurs sujets, que pour en être, pour ainsi dire, adorez; il ne lui eût pas été aisé d'entreprendre ce qu'il avoit médité, en s'adressant à lui-même, il n'eut pas la pensée d'en faire la moindre démarche. Il vit bien d'abord que l'écriture étoit la voie la plus propre & la plus sûre. Mais s'il étoit louable à un sujet, qui en avoit la capacité de

# PRÉFACE.

vouloir instruire son Prince, il étoit bien dangereux de le faire par des maximes nues, qui n'eussent eu que de la sincerité pour tout agrément. Au lieu de produire l'effet qu'il eût pû attendre, elles lui eussent attiré infailliblement la colere du Prince, qui n'eût pas manqué de le faire punir de sa temerité & de son indiscretion.

Bidpaï qui sçavoit si parfaitement de quelle maniere les Rois devoient se comporter sous le poids d'une couronne, sçavoit aussi

# PREFACE. xj

le détour dont il falloit se servir, & ne leur pas donner lieu de s'en scandaliser. Il composa donc un ouvrage divisé en deux parties ; dans la premiere il introduit un Renard fourbe, ambitieux, malin, envieux & malfaisant, qui abuse de la credulité d'un Lion, Roy desanimaux, dans une grande étendue de pays, perd dans son esprit un Bœuf innocent, qui lui servoit de premier Ministre, & le porte jusques à l'excés de crainte de le mettre lui-même en pieces. Dans la seconde,

# PREFACE.

le Lion qui n'avoit jamais reconnu que de la droiture dans le Bœuf, fur des indices, & enfuite fur des témoignages certains de la méchanceté infigne du Renard, le fait condamner à mort, malgré toutes les rufes dont il fe fert pour éluder la procedure de fes Juges, & pour éviter le châtiment qu'il méritoit.

Ce qu'il y a de merveilleux, c'eft que fous ces Fables égayées par un tiffu d'autres Fables, Bidpaï n'a pas feulement travaillé à l'inftruction de fon Roy, il a eu encore en vue celle de tous les autres Rois, de leurs Ministres, de leurs Ambassadeurs, & de tous ceux qui ont entrée dans le maniement de leurs affaires. Les uns & les autres peuvent y trouver des avis fideles, pour parvenir à des succés heureux de toutes les entreprises qui regardent le bien de l'Etat, sans s'écarter de l'équité & de la justice, & en même temps à la gloire éclatante à laquelle ils doivent aspirer.

Les Orientaux tiennent que ces Fables n'ont eu d'abord que les deux parties que nous avons marquées, & que les autres furent ajoûtées par les differens Auteurs Arabes & Persiens qui y ont fait des additions en les traduisant, chacun à leur goût. Un témoignage de cela, c'est que leur premier titre a été Kelilah & Damnah, ou Kelileh & Demneh, selon la prononciation des Turcs, qui adoucissent la rudesse des mots Arabes, & ces noms sont ceux des deux principaux Renards qui paroissent dans les deux premieres parties,

PREFACE. xv

dont il n'est fait aucune mention dans les autres.

Nous dirons en passant, que Demneh, nom du Renard fourbe, vient d'un mot Arabe qui signifie, *hair avec desir de se venger*; & kelileh, celui du Renard qui employe ses bons avis pour détourner Demneh de ses méchancetez, d'un autre de la même langue, qai signifie *couronner*. Ainsi ces deux noms sont convenables aux caracteres des Renards qu'ils désignent, puisque Demneh par un motif de haine, cherche à se venger, & en vient à bout par ses artifices, & que Kelileh ne mérite pas moins que d'être couronné, par la droiture & par la fidelité dont il fait profession jusques à sa mort.

Quand Bidpaï eut achevé son ouvrage, & qu'il l'eut rendu agréable par tous les embellissemens qu'il put imaginer, il le présenta au Roy: Dabchelim, c'étoit le nom de ce Roy, le lut avec un grand plaisir, & il fut si charmé de l'adresse de son Auteur, pour lui insinuer les avis importants enveloppez sous ces Fables ingenieuses, qu'il se fit une loi de les suivre; qu'il conserva le livre avec plus de soin, que les richesses immenses qu'il possedoit, & le recommanda à ses enfans comme l'heritage le plus précieux qu'il pouvoit leur laisser. Il le fit avec beaucoup de prudence, puisque c'étoit plûtôt en observant les maximes qu'il contenoit, qu'ils pouvoient regner heureusement, que par la possession de tous les trésors du monde.

Ces Princes & leurs successeurs, puissamment persuadez du prix de cette portion de l'heritage qui leur avoit été laissé en firent un usage conforme à leurs interêts, & à l'intention de Dabchelim. Par cette conduite, ils se maintinrent glorieusement sur le Trône pendant plusieurs siecles, aimez & respectez par leurs sujets heureux, & redoutables à leurs voisins, qui aimoient mieux vivre en paix avec eux, que de leur déclarer sans sujet une guerre qui leur eût été désavantageuse.

PREFACE. xix

Bidpaï qui faisoit consister son bonheur dans l'indifference pour les grandeurs & pour les richesses, n'avoit pas fait son présent avec le motif d'en obtenir. Mais Dabchelim se sentoit trop obligé, pour ne lui pas marquer sa reconnoissance d'une maniere éclatante. Malgré sa résistance, il le força d'accepter l'honneur qu'il lui fit, de lui mettre une couronne sur la tête, & de l'établir son premier Ministre, afin de lui donner lieu sous son autorité, de pratiquer l'art de regner qu'il entendoit si bien. * Un Ecrivain Turc qui nous apprend cette particularité, sur le témoignage d'autres Ecrivains anciens, Arabes & Persiens, nous assure aussi que le regne de Dabchelim fut de six vingts ans.

L'on sçavoit bien dans le monde, que les successeurs de Dabchelim, dont la felicité faisoit l'admiration de tout l'Orient, se gouvernoient par des maximes écrites. Mais l'on sça-

* Tasch - Kuprizadeh, suivant Pitchevili.

PRÉFACE. xxj

voit auſſi qu'ils en étoient ſi jaloux, qu'ils s'étoient fait une loi de ne pas communiquer le livre, & que perſonne, pas même dans leurs Etats, n'avoit pu ſe vanter d'en avoir une copie, juſques au temps de Coſroes, Roy de Perſe, appellé Nouſchirvan, qui regnoit vers la fin du ſixiéme ſiecle.

Nouſchirvan, ſi celebre par la qualité du meilleur Prince qui eût jamais regné dans la Perſe, qui en avoit vu de ſi grands & de ſi celebres, conçut un ardent desir d'avoir une copie de ce livre. Il esperoit d'y trouver des préceptes, qui pouvoient avoir échap à son exactitude, de n'en obmettre aucun de tous ceux qui devoient contribuer à la gloire & à la tranquillité de son regne; & il eût cru trahir son devoir, s'il n'eût employé tous ses soins & tout son pouvoir, pour se donner cette satisfaction. Personne n'étoit plus capable de la lui procurer, que celui qu'il choisit.

Ce fut un Medecin de sa Cour, nommé Barzovaiah, Syrien de nation, autant qu'on le peut conjecturer par son nom, qui avoit joint beaucoup de sçavoir faire à la grande capacité qu'il s'étoit acquise dans son art. En l'envoyant, Nouschirvan prit grand soin de lui faire fournir l'argent & les choses necessaires, non-seulement pour la dépense du long voyage qu'il devoit faire, mais même pour l'execution du dessein qui en faisoit le sujet. * Un Historien Turc, qui tenoit cette circonstance

---
\* Pitchevili.

d'autres Historiens qu'il avoit lus, rapporte que Barzovaiah se mit en chemin avec soixante mille pieces d'or de la monnoye de Perse.

Barzovaiah se rendit au Royaume des successeurs de Dabchelim, où il eut besoin d'une grande patience, pour surmonter toutes les difficultez qu'il rencontra dans un Pays où il n'avoit point d'habitude, & dont il étoit obligé d'apprendre la langue pour en faire, ce qui demandoit du temps. L'on ne sçait pas si ce

# PREFACE. xxv

ce fut aprés s'être introduit à la cour du Roy des Indiens, à la faveur de la Medecine, dont il faisoit profession, ou autrement, qu'il vint à bout de recouvrer une copie du Livre de Bidpaï, comme il y a beaucoup d'apparence. Ce qu'il y a de constant, c'est qu'aprés quelques années, il en rapporta une en Perse, dont il fit la traduction en langue Persienne de ce temps-là, qu'il presenta à Nouschirvan, avec la copie. Cette langue, qui n'étoit alors mêlée d'aucuns mots ara-

## PREFACE.

Abbaſſides, qui avoit entendu parler de l'excellence des Fables de Bidpaï, en fit faire une recherche ſi exacte, qu'on lui apporta l'exemplaire même de la traduction en langue Perſienne, que le Medecin Barzovaiah avoit preſenté à Nouſchitvan. Il le fit traduire en Arabe par Aboulhaſſan-Abdallah-ben-Mocannaah, Secretaire de ſa Cour, trés-habile; & ſur la traduction de cet Auteur, il lut ces Fables avec beaucoup de plaiſir, & de profit pour bien gouverner.

PREFACE. xxix

Hagikalfa dans sa Bibliotheque des Livres Orientaux, & Pitchevili dans son Histoire, écrivent que ce fut seulement sous le Khalife Mahdi, successeur de celui de qui nous venons de parler, que ces Fables furent traduites en Arabe, par Abdalla Ben Ali Alahanni, pour Iahia Ben Khaled, Persien d'origine, de la famille celebre des Barmecides, que le Kalife Mahdi avoit fait son premier ministre. Hagikalfa ajoûte que cette traduction fut faite l'an de l'Hegire 165. de J. C.

bes, comme elle le fut depuis, après que les Arabes eurent conquis la Perse, est appellée *Pahlavi*, ou *Pehlevi*.

Les Rois de Perse successeurs de Nouschirvan, conserverent cette traduction, & s'en servirent utilement à son imitation, jusqu'à l'extinction de leur race, qui arriva par la mort d'Iesdigerd, après lequel la Perse tomba en la puissance des Arabes, sous le regne d'Omar, successeur de Mahomet. Après la mort d'Iezdigerd, ces Fables demeurerent long-tems dans l'oubli ; de forte que les Auteurs ne s'accordent pas touchant le temps qu'elles en furent tirées ; la difference neanmoins n'eſt pas confiderable, comme nous l'allons voir.

L'Auteur de la traduction en langue Turque, ſur laquelle celle-ci a été faite, rapporte ce qui ſuit dans ſa Preface, aprés l'Auteur de la traduction Perſienne, qu'il a ſuivi pour faire la ſienne.

Abougiafar - Abdallah-Almanſor-Billah, le ſecond des Khalifes de la race des

781. & son prédecesseur étoit mort l'an 162. de la même Hegire. Ce qui fait de la peine, c'est que ces Ecrivains ne conviennent pas de l'Auteur de la traduction, qui paroît être la même. En effet, il est difficile de croire que l'on en ait fait deux en si peu de tems.

Dans le même tems, Sahal, fils de Naubakht, Medecin de profession, & recommandable par plusieurs autres connoissances, mit ces Fables en vers Arabes, & les dédia au même Iahïa Ben Kaled, qui le ré-

PREFACE. xxxj

compensa de mille pieces de monnoye d'or.

Mamoun, septiéme Kalife de la même race des Abassides, petit-fils de Mahdi, qui fit traduire en Arabe tant de Livres de differentes sciences des Langues Syriaque & Greque, fit aussi faire une autre Traduction de nos Fables, par Sahal-ben-Haroun. Ce Traducteur ne s'attacha pas servilement à son texte ; il l'amplifia, & l'augmenta autant qu'il le jugea à propos, pour rendre la lecture de son ouvrage plus agreable.

## PREFACE.

Aprés que les Fables de Bidpaï furent devenuës communes chez les Arabes, par ces differentes traductions en leur Langue, Aboulhassan Emir Nasr, troisiéme Roy de la race des Samanides, qui regnerent dans les pays au delà de l'Oxus, & en deça dans la Perse interieure, voulut leur procurer le même avantage dans son Royaume, & les fit traduire en langue Persienne telle qu'on la parloit alors, par un habile homme de sa Cour; & le Poëte Roudeki qui y étoit fort honoré, les rendit en vers dans la même langue. Cette nouvelle traduction en Persien, étoit d'autant plus neceffaire, que celle qui avoit été faite par Barzovaiah, n'étoit presque plus intelligible, à cause d'une infinité de mots qui étoient alors hors d'ufage, à la place defquels d'autres mots Arabes avoient été reçus.

Behram-Schah, fils de Maffoud, Sultan de la race des Gaznevides, ne fut pas content de la traduction précedente, il en fit faire une nouvelle, & il y emploïa Aboulmaali Nasrallah Mohammed Alhamid. Ce Sultan est mort l'an 545. de l'Hegire, qui est de J. C. 1149. ce qui mérite d'être remarqué, parce que c'est cette traduction, qui a été rendue en notre langue sous le titre de *la Conduite des Rois*, & qu'en ce tems-là l'on écrivoit la langue persienne en prose d'un stile fort simple & sans art, de quoi il est aisé de s'appercevoir par la traduction françoise.

Houssain, surnommé par excellence, Vâedh, ou Vâez,

# PREFACE. xxxv

c'eſt à dire, le Prédicateur, à cauſe de la grande réputation avec laquelle il prêcha pluſieurs années dans la Ville de Sterat, capitale du Khoraſſan, ſous le regne de Houſſain Baicra, dernier ſucceſſeur de la race de Tamerlan dans ce Royaume, occupé par les Uzbecs depuis ce tems là juſques aujourd'hui; ce perſonnage, dis-je, qui n'étoit pas ſatisfait des Fables de Bidpaï, dans l'état qu'elles avoient paru juſqu'alors, voulut bien ſe donner auſſi la peine d'y travailler. Il en compoſa donc un ouvrage si different des autres, par les pensées & par les maximes de la politique la plus rafinée qu'il y ajoûta, & par l'éloquence qui y paroît, que l'on peut dire qu'il le fit tout nouveau.

Houssain Vâez donna à son ouvrage un nouveau titre, sçavoir, *Anouar Soaïli, les Lumieres de Canopus*, sous lequel il cacha un mystere. Ceux qui ont un peu de connoissance du ciel, sçavent que Canopus est une étoile qui ne paroît pas sur notre horison plus brillante

PREFACE. xxxvij
de beaucoup que celles que nous voyons. Mais, sous ce titre, l'Auteur a fait allusion au nom de la personne auquel il dédia son ouvrage. Ce personnage étoit Scheic-Nazam Eddim Ahmed, qui nonobstant ses grands emplois dans la guerre & dans les finances, & dans les affaires d'Etat, sous Abou-saïd & Houssain Baïkra, Rois du Khorassan, s'étoit délassé de ses occupations serieuses, en composant des Poësies, & s'etoit donné le nom de Soahïli dans ses vers, à l'imitation des Poë-

## PREFACE.

tes orientaux, particulierement des Persiens & des Turcs, dont les noms propres la plûpart sont demeurez dans l'oubli, sous ces sortes de noms empruntez.

L'occasion que Nazam Eddim Ahmed eut de prendre le nom de Soaïli dans ses Poësies, est remarquable. Lorsqu'il commença à faire des vers, comme il eût conconnu par l'approbation qu'on leur donnoit, qu'ils n'étoient pas indignes d'être exposez au Public, il consulta un ami touchant le nom sous lequel il les publieroit. L'ami prit l'Alcoran & l'ouvrit: il se trouva que le premier mot de la premiere page étoit Sohaïl, qui signifie l'étoile de Canopus; & l'ami lui dit aussitôt qu'il falloit qu'il s'appellât Soahili. Nazameddin Ahmed le crut, & il prit ce nom avec d'autant plus de plaisir, que c'étoit le sort tiré sur l'Alcoran qui l'invitoit à le prendre.

Ces particularitez touchant le titre de l'ouvrage de Houssain Vâez, sont tirées des bons Auteurs Persiens & Turcs, sçavoir, de

## PREFACE.

Mir Ali Schir dans la vie des Poëtes Perſiens, auquel Houſſain Vâez, car ils étoient contemporains, dédia ſa Verſion & Paraphaſe de l'Alcoran en langue Perſienne, avec des Commentaires de Sami, Prince de la Maiſon des Rois de Perſe d'aujourd hui, qui a écrit la vie des Poëtes Perſiens, qui ont fleuri depuis la mort de Mir Ali Schir juſqu'à ſon tems, de Hagikalfa dans ſa Bibliotheque des Livres Orientaux, & de l'Auteur de la Traduction en Turc de l'*Anouar Sohaili*, de qui nous

PREFACE. xlj

nous allons parler. Ainsi les curieux de cette sorte d'érudition, ne trouveront pas étrange que ceci ne convienne pas à ce qui est rapporté dans la Bibliotheque Orientale de l'illustre M. d'Herbelot, aux titres, *Anouar Sohaili*, *Sohail*, & ailleurs.

Voilà quelle fut la destinée des Fables de Bidpaï en Arabie & en Perse ; aprés avoir pris leur origine dans cette partie des Indes, qui est habitée par les Indiens noirs. Car Bidpaï & Dabchelim avec tous ses sujets,

ō

étoient noirs, comme le sont encore aujourd'hui ceux qui habitent le même Pays. Il faut parler presentement de celles qu'elles eurent dans la Turquie, c'est à-dire, dans l'Empire Ottoman.

Avant que l'on eût apporté l'ouvrage de Houssain Vâez à Constantinople, on s'y étoit contenté de la Traduction Persienne de Mahomed Alhamid, connue seulement des Moullas ou Docteurs qui entendoient le Persien; & personne d'entr'eux ne s'étoit avisé, ou

**PREFACE.** xliij

n'avoit voulu prendre la peine de la rendre en langue Turque. Mais dés qu'il y parut, il fut reçû avec grandre aprobation, & avec beaucoup d'eſtime pour ſon Auteur.

Quelques années aprés, un Moulla trés-habile charmé de l'éloquence de Houſſain Vâez dans la langue Perſienne, crut qu'il ſe rendroit immortel, s'il pouvoit donner les mêmes graces à ſon ouvrage en le traduiſant en ſa langue naturelle, c'eſt à dire en la Turque. En s'attachant plûtôt au ſens qu'aux mots, afin d'être moins contraint, il travailla à cette Traduction l'espace de vingt ans, à des heures perdues, pour se délasser l'esprit. Car il enseignoit la Theologie & le Droit selon les maximes de sa Religion, à Andrinople au College de Sultan Bajazet, fondé prés de la Mosquée de son nom. Lors qu'il eut achevé son ouvrage, il le trouva si fort à son goût, qu'il le jugea digne d'être dédié à Sultan Soliman, sous le regne duquel il vivoit. Il en fit la dédicace à son nom,

& l'intitula aussi pour ce sujet, *Humaioun Nameh*, *le Livre Imperial*. Ensuite, il en fit mettre deux copies au net; & s'adressa au grand Vizir, à qui il en presenta une, qu'il pria d'accepter, & le supplia de vouloir bien presenter l'autre au Sultan. Il lui dit que c'étoit un Ouvrage auquel il avoit travaillé pendant plusieurs années avec beaucoup d'aplication & de soin, & qu'il contenoit des avis de grande importance pour bien gouverner.

Quoique Lutfi Pacha, c'étoit le nom de ce grand

xlvj PREFACE.

Vizir, se piquât lui même de composer des Ouvrages, car l'on en conserve un de lui à la Bibliotheque du Roy, il fit neanmoins un acceuil trés desagreable à ce Docteur. Au lieu de recevoir le present qu'il lui faisoit avec plaisir, il eut la dureté de lui dire d'une manier outrageante : *Vous devriez pleurer d'avoir perdu tant de tems inutilement ; vous eussiez beaucoup mieux employé votre loisir à travailler à la décision de quelque question du Droit des Musulmans, que vous êtes obligé d'enseigner.*

PREFACE. xlvij

A cette réprimande non attendue, l'Auteur demeura dans une grande confusion, & fort embarassé de sa contenance, au milieu d'une grande assemblée; car ce Ministre donnoit alors audience publique. Pour lui donner neanmoins quelque satisfaction, Lutfi Pacha dit à un des Itchoglans qui étoient prés de lui, de prendre les deux Exemplaires, & dit aussi à l'Auteur qu'il le remercioit de son present. En même temps il envoya l'Exemplaire destiné pour le Sultan au chef des Eunuques blancs, afin qu'il le lui présentât. Aprés que le Docteur se fut retiré, Lutfi Pacha ne daigna pas garder le present qu'il venoit de recevoir, il le donna à un des principaux Officiers des Janissaires, qu'il consideroit, qui étoit venu lui faire sa Cour.

L'audience finie, Ramazanzadeh, Secretaire du Divan, & Historien Turc, qui étoit aussi present, par le devoir de son emploi, & qui étoit témoin de tout ce qui s'étoit passé, sçavoit bien que l'Officier des Janissaires

n'étoit

n'étoit pas un homme de Lettres, & qu'il aimoit mieux de l'argent que des Livres. Il le suivit comme il se retiroit, & il acheta de lui l'exemplaire qu'il emportoit cinquante sequins, qui font environ trois cent cinquante livres de notre monnoye.

Si l'Auteur eut sujet d'être trés mécontent de la réception que le Grand Vizir lui avoit faite, d'un autre côté il eut lieu de se loüer extremement de l'approbation de Sultan Soliman, & même du témoignage qu'il

PREFACE.

lui en donna, par la récompense dont il la fit suivre bientôt aprés.

Ce Prince, qui avec toutes ses autres belles qualitez, aimoit & possedoit les belles Lettres, autant que les Docteurs les plus habiles de son Empire, parcourut le Livre qui lui étoit dédié, le soir de ce même jour-là, & marqua le lendemain bien solemnellement, le plaisir qu'il lui avoit donné. En effet, il envoya à son Auteur une Patente signée de sa propre main, par laquelle il le faisoit Cadis de Brousse, di-

## PREFACE.

gnité de laquelle il devoit en peu de temps parvenir à celle de Cadis d'Andrinople & de Constantinople, & ensuite à la charge importante de Cadileskier. Mais la mort qui le surprit dans l'exercice de cette charge, le priva de tous ces honneurs qui l'attendoient, & même de celui de Mouphti auquel il pouvoit prétendre, aprés avoir été Cadileskier.

Le Grand Vizir informé de la faveur que le Sultan avoit faite au Docteur qu'il avoit reçu si indignement, eut la foiblesse de vouloir la faire révoquer. Mais son autorité & son alliance avec le Sultan, dont il avoit épousé une sœur, ne furent pas assez puissantes, pour faire réüssir son dessein. Il n'avança rien en representant qu'il y avoit plusieurs autres Docteurs plus dignes de l'emploi qui avoit été donné, & plus capables de le remplir. Sultan Soliman ne changea pas de sentiment ; & pour fermer la bouche à Lutfi Pacha : Vous ne connoissez pas, lui dit-il, le mérite de ce Docteur, & moi je le connois. En effet, le Sultan avoit pû

## PREFACE.

juger de la capacité de l'Auteur de l'*Humaioun-Nameh*, puisqu'il avoit lû son Ouvrage, ce que n'avoit pû faire le Grand Vizir, qui n'avoit pas seulement daigné l'ouvrir.

Lethifi dans la vie des Poëtes Turcs, en faisant l'éloge de cette Traduction, à l'occasion de celui de son Auteur, son contemporain qui étoit aussi fort bon Poëte, écrit qu'il y a tant de beautez, de bon sens, de netteté & d'éloquence, que tous les Ecrivains Turcs, le regardent comme le chef-d'œuvre de la belle maniere

## PREFACE.

d'écrire en leur Langue; & bien loin qu'il soit possible de le surpasser, qu'il n'est pas même aisé de l'égaler.

Hassan Tchelebi qui vivoit depuis Lethifi sous le regne de Sultan Murad III. du nom, parle aussi de cette Traduction trés-avantageusement, dans la vie des Poëtes Turcs, qu'il a publiée avec des additions considerables; & voici ces termes : *Cet ouvrage*, dit il, *est d'une éloquence si achevée, que nos Auteurs les plus habiles n'ont rien composé jusqu'à present qui merite que l'on en fasse un parallele. Tous ceux qui le*

# PREFACE.

lisent, capables de juger de sa beauté, avouent non seulement qu'ils sont bien éloignez de pouvoir l'imiter; ils s'écrient même avec admiration, & disent en baissant la teste pour lui rendre honneur: Nous n'avons pas oüi dire que l'on ait fait rien de semblable du temps de nos peres.

Cette grande réputation de l'Humaioun Nameh, n'a pas diminué; elle se conserve toûjours avec la même vigueur. En effet, les sçavans de Constantinople sont encore aujourd'hui dans les mêmes sentimens, & ils ne parlent jamais de ce Livre que comme du modele unique qu'ils peuvent donner de la pureté & de la beauté de leur Langue. Auffi, il eft veritable que parmi un grand nombre de Livres Turcs bien écrits, il n'y a que celui là où l'on trouve un ftyle élegant, clair, intelligible, fans fuperfluité dans la narration ; affaifonné de penfées juftes & folides, embelli de figures & de peintures qui y font une diverfité trés-agreable. Il fe foûtient partout, avec une même égalité, qui fait que l'on ne s'apperçoit pas qu'il y ait un endroit plus foible que l'autre.

## PREFACE. lvij

Mais puisque par cet ouvrage, l'Auteur a rendu son nom immortel dans sa Nation, il est juste de le faire connoître aussi dans la nôtre. Il s'apelloit Ali Tchelebi-ben-Salih, ou Saleh, & communément Ali Vassii, à cause qu'il avoit pris ses Degrez sous un Docteur nommé Ali Vassi, & il étoit nâtif de Philippopoli. Avant d'être Professeur à Andrinople, il l'avoit été à Constantinople dans une des huit Chaires fondées par Mahomet II. avec la Mosqué de son nom. Il est mort à Brousse, l'an 950. de l'Hegire, de

## PREFACE.

Jesus-Christ 1543.

Pour dire un mot de cette Traduction françoise de l'Ouvrage d'Ali Tchelebi, j'ai tâché de la rendre autant fidelle qu'il a été possible. S'il y a quelque chose de retranché, ce sont des expressions trop fortes, & des repetitions qui ont de la grace dans leur original, qu'elles eussent perdue en les exprimant en des termes étrangers. Pour ce qui est du reste il n'y a rien d'ajoûté. Tout se trouve dans le texte Turc, & ceux qui auront la connoissance des deux Langues, pourront le justifier, en fai-

PREFACE, lisant la confrontation du texte & de la Version. Il y a quelques expressions particulieres qu'on a retenuës, parce qu'elles peuvent faire connoître le genie & le goût des Orientaux.

Il y auroit encore beaucoup de choses à dire à l'occasion de ces Fables, & particulierement touchant les differentes Versions qui en ont été faites, presqu'en toutes les langues de notre Continent. L'on pourroit faire remarquer qu'on les lit aussi en Hebreu, sous le titre de *Paraboles* ou de *Fables de Sandobar*; que depuis peu on les

## PREFACE.

a imprimées en Grec en Allemagne ; qu'elles sont en Latin dans un Manuscrit de la Bibliotheque du Roy ; qu'elles sont en Allemand, en Flamand, en Italien d'aprés une traduction en Espagnol, qu'on trouve dans les Oeuvres du Doni, sous le titre du *Philosophe moral*, & en d'autres Langues. Mais l'on peut dire de toutes ces Traductions qu'il n'y en a aucune où elles paroissent avec tout l'appareil dont Houssain Vâez & Ali Tchelebi les ont embellies, le premier en langue Persienne, & celui-ci en langue Turque.

## APPROBATION.

J'Ay lû par ordre de Monseigneur le Garde des Sceaux un Manuscrit sous le titre de *Contes & Fables Indiennes de Bidpaï & de Lokman*, traduites d'Ali-Tchelebi-ben-Saleh, Auteur Turc, par Monsieur Galland, Oeuvre posthume. A Paris ce 21 Septembre 1723.

BLANCHARD.

## PRIVILEGE DU ROY.

LOUIS par la grace de Dieu, Roy de France & de Navarre: A nos amez & feaux Conseillers les gens tenans nos Cours de Parlement, Maîtres des Requêtes ordinaires de nôtre Hôtel, Grand Conseil, Prevôt de Paris, Baillifs, Sénechaux, leurs Lieutenans Civils, & autres nos Justiciers qu'il appartiendra : SALUT. Nôtre bien amé JACQUES RIBOU le jeune Libraire à Paris, Nous ayant fait remontrer qu'il souhaitteroit faire imprimer, & donner au Public un Livre qui a pour titre *Contes & Fables Indiennes de Bidpaï & de Lokman*, s'il nous plaisoit luy accorder nos Lettres de Privilege sur ce nécessaires ; A CES CAUSES, voulant traiter favorablement ledit Exposant ; Nous luy avons permis & permettons par ces présentes, de faire imprimer ledit Livre en tels volumes, forme, marge, caractere, conjointement ou féparement, & autant de fois que bon luy semblera, & de le vendre, faire vendre & débiter par tout nôtre Royaume, pendant le temps de six années consécutives, à compter du jour de la datte desdites Présentes. Faisons défenses à toutes personnes de quelque qualité & condition qu'elles soient, d'en introduire d'impression étrangere dans aucun lieu de nôtre obéissance ; comme aussi à tous Libraires-Imprimeurs & autres, d'imprimer, faire imprimer, vendre, faire vendre, debiter, ni contrefaire ledit Livre en tout, ni en partie, ni d'en faire aucuns extraits, sous quelque prétexte que ce soit d'augmentation, correction, changement de titre ou autrement, sans le consentement par écrit dudit Exposant, ou de ceux qui auront droit de luy, à peine de confiscation des Exemplaires contrefaits, de quinze cens livres d'amende contre chacun des contrevenans, dont un tiers à Nous, un tiers à l'Hôtel-Dieu de Paris, l'autre tiers audit Exposant, & de tous dépens, dommages, & interéts ; à la charge que ces Présentes seront enregistrées tout au long sur le Registre de la Communauté des Libraires & Imprimeurs de Paris, & ce dans trois mois de la datte d'icelles; que l'impression de ce Livre sera faite dans nôtre Royaume & non ailleurs, en bon papier & en beaux caractères, conformément aux Reglemens de la Librairie; & qu'avant que de l'exposer en vente, le manuscrit ou imprimé qui aura servi de copie à l'impression dudit Livre, sera remis dans le même état où l'Approbation y aura été donnée ès mains de notre tres-cher & feal Chevalier Garde des Sceaux de France, le Sieur Fleuriau d'Armenonville, & qu'il en sera ensuite remis deux Exemplaires dans nôtre Bibliotheque publique, un dans celle de nôtre Château du Louvre, & un dans celle de nôtre tres cher & feal Chevalier Garde des Sceaux de France, le Sieur Fleuriau d'Armenonville, le tout à peine de nullité des Présentes : du contenu desquelles vous mandons & enjoignons de faire joüir l'Exposant, ou ses ayans cause, pleinement & paisiblement, sans souffrir qu'il leur soit fait aucun trouble ou empêchement. Voulons que la Copie desdites présentes, qui sera imprimée tout au long au commencement ou à la fin dudit Livre, soit tenuë pour deuëment signifiée, & qu'aux Copies collationnées par l'un de nos amez & feaux Conseillers & Secretaires, foy soit ajoutée comme à l'Original.

Commandons au premier nôtre Huissier ou Sergent, de faire pour l'execution d'icelles, tous Actes requis & necessaires, sans demander autre permission, & nonobstant clameur de Haro, Charte Normande & Lettres à ce contraires. CAR TEL EST NÔTRE PLAISIR. Donné à Paris le vingt-troisième jour du mois de Decembre l'an de grace mil sept cens vingt-trois, & de nôtre regne le neuvième. Par le Roy en son Conseil.

*Signé*, CARPOT.

J'ai associé au present Privilege Messieurs Cavelier pere & fils, Morin, & Ribou l'aîné. A Paris ce douze Novembre 1723.

RIBOU le jeune.

*Registré, ensemble la Cession, sur le Registre V. de la Communauté des Libraires & Imprimeurs de Paris, page 408. N°. 707. conformément aux Reglemens, & notamment à l'Arrest du Conseil du 13. Aoust 1723. A Paris ce 17. Decembre 1723.*

Signé, BALLARD, Syndic.

# LES CONTES
## ET
# FABLES
## INDIENNES,
De Bidpaï & de Lokman.

*Traduites d'Ali Tchelebi-ben-Saleh, Auteur Turc.*

---

PREMIERE PARTIE.

*Avanture d'Humaioun-fal.*

ENTRE les choses dignes de memoire dont les Histoires des siecles passez font mention, rien n'est

A

plus remarquable que ce que l'on raconte d'un Empereur de la Chine. Sa puissance & sa grandeur étoient si extraordinaires, que l'Univers entier étoit rempli de son nom, & de ses vertus. Il s'étoit même rendu si redoutable aux Sultans, & aux Khans ses voisins, qu'ils tenoient à honneur d'être ses tributaires, & de se dire ses esclaves. Il avoit la magnificence de Feridoun\*, la majesté de Gemschict\*, les forces d'Alexandre le Grand, & la gravité de Darius. Ses Ministres étoient remplis de sagesse les Gouverneurs de ses Provinces, experimentez dans la Guerre ; ses Conseillers, gens de probité, & distinguez par leur capacité. Ses

\* Anciens Rois de Perse selon les Orientaux.

Tresors étoient remplis de pierreries, d'or & d'argent, & ses Armées composées de braves soldats, & de Troupes innombrables. Il étoit vaillant, liberal & juste : il renversoit par sa valeur tous ceux qui entreprenoient de troubler la tranquillité de son regne. Il enrichissoit ses sujets par sa liberalité, & les rendoit heureux par la bonne justice qu'il leur faisoit. Ce Prince s'appelloit Humaiounfal, c'est-à-dire, *Heureux augure* ; & ce nom lui avoit été donné à l'occasion de ce qu'au moment de sa naissance, on avoit conçu de grandes esperances de ce qu'il devoit être un jour.

Le Vizir qui avoit l'administration des affaires de l'Empire, avoit les inclinations de son Prince, & aprés lui, il servoit de pere à ses sujets, par le soin qu'il prenoit de procurer leur bonheur. Il étoit naturellement touché de compassion envers tous les affligez qui avoient recours à lui ; & il n'entendoit pas moins la Guerre qu'il étoit prudent dans ses conseils. En effet il dissipoit dés leur naissance tous les troubles capables d'interrompre le repos de l'Etat. Son habileté dans les affaires publiques & particulieres, étoit montée à un point, qu'un seul de ses conseils eût procuré la paix à cent peuples armez les uns contre les autres, de même qu'une seule de ses lettres eût conquis à son Prince un climat entier. En quelque fâcheux évenement qu'il se trouvât, il étoit inébranlable, & aussi ferme qu'un navire à l'ancre da la tempête la plus orageuse. Il sapoit d'abord par le fondement toutes les entreprises qui avoient la moindre apparence de révolte, & de sédition. Aussi, le bonheur qui accompagnoit toûjours ses entreprises, lui avoit fait donner le nom de *Khogesteh-rai*, ou *Heureux conseil*. Humaiounfal, qui avoit une parfaite connoissance de sa capacité, n'entreprenoit rien qu'il ne prît auparavant son avis.

Un jour, ce Monarque, accompagné de ce sage Ministre, & des Gouverneurs de ses Etats, qui faisoient alors l'ornement de sa Cour, sortit de sa capitale pour prendre le divertissement de la chasse, & jouir de la beauté de la campagne. Dés qu'il fut arrivé dans la Plaine, qui avoit été choisie, les lions, les leopards, les tigres, les cerfs, les daims, les lievres, les lapins & les renards furent dans une terrible épouvante au bruit des chevaux & aux cris des chasseurs ; & si quelques-uns d'eux étoit assez heureux pour éviter une grêle de fleches, dont l'air étoit obscurci, ils étoient aussitôt arrêtez par les chiens qui ne les épargnoient pas. En même temps les épreviers & les faucons lâchez de la main, aprés avoir à l'imitation de l'Aigle, qui penetre jusqu'aux cieux, percé l'air, & s'être élevez à perte de vûë, fondoient sur les oiseaux, & se repaissoient de leur sang. La chasse enfin fut si complette, qu'en peu de tems on ne vit plus ni bêtes courir par la campagne, ni oiseaux voler dans l'air ; & cela obligea

Humaioun-fal de la faire cesser, aprés en avoir pris tout le divertissement qu'il pouvoit souhaiter. Il donna la liberté à ses gens de prendre le devant, & il reprit le chemin de son Palais au petit pas, avec son grand Vizir, & le reste de sa Cour.

La chaleur étoit excessive ce jour là, & le Soleil étoit en sa plus grande ardeur. Humaioun-fal qui ne pouvoit plus en supporter l'incommodité, se tourna du côté du grand Vizir : Arrêtons-nous, lui dit-il ; il est contre le bons sens non seulement de marcher, mais même de se mouvoir, pendant que l'air est échauffé d'une si vive force ; je suis fâché de n'avoir pas fait apporter mon Pavillon. Ton esprit inventif ne pourroit-il pas en cette occasion me trouver un abri jusqu'à ce que le Soleil baisse, & que je puisse retourner à la fraîcheur?

Sire, répondit le Vizir, votre Majesté qui est le Soleil de ses Etats, & l'ombre de Dieu, devroit être hors des atteintes de l'Astre qui éclaire l'Univers. Pour moi, cette incommodité m'est tolerable avec le bonheur & l'avantage d'être à l'ombre de ses bonnes graces. Mais puisqu'il s'agit de conserver une santé si précieuse, & si necessaire à ses peuples, il est juste de la mettre à couvert de cette chaleur insupportable. La montagne que nous voyons n'est que verdure & ombrage depuis le haut jusqu'à bas; & de plus elle est la plus agreable que l'on puisse souhaiter, par les ruisseaux d'eau vive qui y coulent,

*& Fables Indiennes.*

& par la quantité de Rossignols qui y font un ramage charmant. Votre Majesté pourra y rester autant qu'il lui plaira sur le bord de l'eau, à l'ombre des arbres dont elle est bordée.

Le grand Vizir n'avoit pas achevé de parler, que le Sultan marchoit du côté qu'il lui avoit marqué, & pressoit le pas pour être plûtôt délivré de la peine où il étoit. Quoique la montagne fût assez haute, elle n'étoit pas neanmoins difficile, & l'on y montoit de la plaine presqu'insensiblement par un chemin un peu détourné. Son cheval qui égaloit l'Alborat (a) en vîtesse,

───────────

(a) L'Alborat ou le Bourak, selon les rêveries du Mahometisme, est la monture qui enleva Mahomet au Ciel; & qui lui en fit faire le voyage en si peu de temps, que l'eau de son pot de chambre qu'il avoit renversé en partant, n'avoit pas achevé de se vuider lorsqu'il fut de retour.

le porta en peu de temps jusqu'au haut, où il fut agreablement surpris d'y voir mille beautez, & d'appercevoir une plaine d'une si longue étenduë, que l'on n'en voyoit pas plus l'extremité que des sables des deserts : la verdure qui couvroit la montagne à perte de vûë, les ruisseaux dont elle étoit arrosée, la fraîcheur que l'ombrage des arbres touffus y procuroit, l'émail des fleurs qui embaûmoient l'air de leur odeur, le doux concert des oiseaux qui y faisoient leur séjour ordinaire ; & enfin la beauté des ciprez, des pins, des sapins, & des plantanes plantez si prés les uns des autres, qu'ils sembloient se donner la main, & n'être là que pour faire honneur à ceux qui venoient y chercher du repos, rendoient ce lieu si charmant, que le Sultan ne put voir tant d'agrémens ensemble, sans s'imaginer qu'il étoit dans un paradis terrestre.

Au milieu de ce Jardin, formé par les soins uniques de la nature, il y avoit un grand bassin d'eau si claire, que les poissons de couleur d'argent, sembloient autant de nouvelles Lunes qui donnoient de la lumiere dans ce miroir des cieux. Ce fut sur le bord de ce bassin que le grand Vizir fit poser le siege de campagne du Sultan, & que ce Monarque qui avoit déja mis pied à terre, s'assit, & commença de joüir du frais qu'il cherchoit. Alors, les Courtisans & les Officiers qui l'accompagnoient, s'éloignerent par respect, & le laisserent en liberté avec le grand Vizir, pour aller se reposer à l'écart.

La premiere chose que le Sultan & le grand Vizir firent dans leur entretien, fut de comparer avec plaisir la chaleur incommode qu'ils venoient de souffrir, à la douceur de l'air qu'ils respiroient, & de reciter là dessus des vers, dont le sens étoit, que l'état où ils se trouvoient étoit bien different de celui dont ils venoient de sortir, puisqu'ils étoient au milieu d'un Jardin délicieux, au lieu qu'auparavant ils étoient dans un desert le plus affreux & le plus fatiguant que l'on pût imaginer.

Ensuite, comme s'ils eussent oublié le soin, & l'embarras de toutes sortes d'affaires, ils firent plusieurs reflexions sur les ouvrages merveilleux & infinis du Createur, ils loüerent sa toute-puissance, & cet art par lequel il achevoit tous ses ouvrages avec perfection, & de quelle maniere il avoit disposé sur cette montagne avec tant d'éclat & de sagesse une si grande varieté de plantes. Puis en passant à d'autres pensées, tantôt ils recitoient des vers, qui marquoient que le Rossignol ne se posoit pas sur les roses vermeilles qu'ils voyoient devant leurs yeux, pour chanter les loüanges de Dieu, parce que les épines dont elles étoient environnées étoient autant de langues qui faisoient le même office. Tantôt ils en recitoient d'autres, qui signifioient que quelquefois Dieu prenoit plaisir à faire transporter sur le dos des Zephirs les feüilles qui tomboient des branches des rosiers; & que quelqu'autres fois il humectoit d'une douce pluie le pied du cyprés, pour lui fournir une séve abondante, & lui donner lieu de s'élever plus haut. Rien enfin ne se presentoit à leurs yeux, qui ne leur donnât lieu d'exercer leur memoire, & de faire paroître la vivacité de leur esprit.

Prés de l'endroit où ils étoient assis, il y avoit un arbre d'une hauteur si demesurée, qu'il égaloit, ou même qu'il surpassoit les colomnes qui soutiennent le Palais du Paradis terrestre, & les poutres qui avoient servi à la construction de l'Arche de Noë. Ses branches étoient toutes rompuës, & il étoit si vieux, que non seulement il ne portoit plus ni feüilles ni fruits; mais même semblables à ces vieillards decrepits, il n'avoit plus de mouvement ; de sorte qu'à le voir, on pouvoit dire que le vent d'Aquilon lui avoit enlevé plumes & aîles ; & que le temps qui renverse tout, l'avoit déja endommagé de sa faux : quoiqu'il fût en cet état que nous venons de marquer, il ne laissoit pas neanmoins d'être rempli dans son creux d'essains d'abeilles, qui y avoient fait du miel en quantité.

Elles y travailloient encore quand par hazard le Sultan jetta les yeux sur cet arbre ; il s'attacha fortement à remarquer ces petits animaux, & il fut surpris de leur activité merveilleuse : leurs mouvemens & l'application avec laquelle ils étoient attachez à leur travail, le laisserent dans une si grande admiration, qu'il ne put s'empêcher de s'adresser à son Vizir qui avoit une vaste connoissance de toutes choses. Dites-moi, lui demanda-t-il, quel est le dessein de ces petits oiseaux, qui volent avec tant de legereté, de s'assembler autour de cet arbre, & ce qu'ils prétendent en allant & venant de côté & d'autre dans ce bocage ? A qui appartient cette armée si nombreuse ? Qui est le Chef de ce petit peuple ? A qui obéit-il ?

Le Vizir prit la parole avec respect : Sire, répondit-il, ces animaux dans leur petitesse sont trés-considerables par le profit que l'on peut tirer de leur conduite admirable. Ce sont les mouches à miel, qui ne font naturellement de mal à personne ; & leur nature est telle, qu'il semble qu'elles soient animées de l'esprit de Dieu, qui les fait agir en

*& Fables Indiennes.*

en toutes choses : Premierement, elles executent sa volonté, comme toutes les autres créatures; elles ont un Roi qui se nomme Iasoub, plus gros de corps qu'elles, sous les ordres de qui elles tremblent comme la feüille d'un Saule, & tombent devant lui, comme les feüilles desseichées dans l'Automne, au soufle impetueux de l'Aquilon. Il fait sa residence dans une demeure quarrée, & bien éclairée en forme de Palais; & pour marque de sa grandeur, & pour l'execution de ses ordres, il a un Vizir, des Huissiers de sa chambre, des Chaoux, des Lieutenans, des Portiers & des Gardes. Ses Favoris, ses Courtisans & ses Sujets ont un esprit merveilleux; & ils sont si experimentez dans l'Architecture, qu'ils lui bâtissent eux-mêmes son Palais avec tant d'art, qu'il semble qu'ils soient tous des Simmars (*a*) & des Archimedes, & que ces fameux Architectes seroient surpris de voir un Edifice si admirable. Le Palais achevé, le Roi prend un serment des mouches à miel ses sujetes, par lequel elles s'engagent de ne pas se soüiller d'aucune ordure. Conformément à cet engagement, on ne les voit se poser que sur les feuilles de roses, d'hyacinthe, de basilic, & sur toutes sortes de fleurs belles & fraîches, & elles s'abstiennent d'approcher des autres. Elle tirent de ces fleurs une nourriture délicate, dont se forme dans leur estomach le suc admirable que

(*a*) Simmar étoit un Architecte celebre chez les anciens Persans.

nous appellons miel, qui sert à composer une boisson trés-utile pour la santé. Lorsqu'elles retournent à leur demeure, les Portiers les examinent avec soin, pour voir si contre l'ordre, elles ne sont pas souillées. Si elles sont pures ils leur donnent entrée ; si au contraire elles sont infectées d'ordures, ils les tuent aussi tost de leur aiguillon. Si par negligence les Portiers en laissent entrer quelques-unes d'impures, le Roy qui s'en apperçoit, en fait lui-même la recherche ; & aprés avoir fait venir les Portiers & les coupables, au lieu du supplice, il fait premierement punir de mort les Portiers, & ensuite les mouches à miel, convaincuës d'avoir contrevenu à la discipline de l'Etat, afin que les autres en prennent exemple, & qu'aucune n'ait la hardiesse de tomber dans la même faute. Les Histoires rapportent que c'est à l'exemple des Abeilles que le fameux Empereur Gemschid établit le premier des Portiers, des Gardes, des Huissiers de sa Chambre, & des Lieutenans à sa Cour, & se fit dresser un Trône, & que depuis lui les autres Rois mirent la derniere perfection au bel ordre que l'on remarque presentement dans leurs Cours & dans leurs Armées.

A ce discours du Vizir, le Sultan curieux de voir ces merveilles par lui-même, s'approcha de l'arbre; & il observa pendant quelque temps avec surprise la construction de leur Palais, le bel ordre qu'on y gardoit, la majesté avec laquelle toutes choses s'y passoient, la modestie des Courtisans, la conduite, les manieres & les mouvemens de chaque Abeille en particulier. Il admira ce corps de petits animaux, qui agissoient par l'instinct que Dieu lui avoit donné: & convaincu enfin qu'elles faisoient toutes leur devoir avec action, qu'elles ne se repaissoient que de nourritures trés-délicates, ne beuvant que de l'eau trés-pure ; qu'elles vivoient ensemble sans se faire mal les unes aux autres, & se gouvernoient avec l'exactitude de la pointe d'un compas, qui ne sort point de la circonference qu'elle décrit, il ne put s'empêcher de s'écrier : Heureux l'Etat où les plus élevez & les plus puissans, se comportent avec la même retenue que s'ils étoient les plus petits ! Ensuite, en s'adressant au Vizir, il est surprenant, dit-il, que ces Abeilles, quoique sauvages n'ont pas d'animosité les unes contre les autres, qu'elles ne se servent de leur aiguillon que pour prendre leur nourriture, & qu'elles montrent tant de douceur quoiqu'elles paroissent avoir tant de rebutant dans leur air farouche. Tout le contraire se remarque parmi les hommes. On se chagrine les uns les autres, on ne songe qu'à insulter, ou qu'à se venger ; & l'on n'a pas un plus grand embarras que d'être continuellement sur ses gardes.

Le Vizir reprit alors la parole : Sire, dit-il, ces animaux que votre Majesté vient de considerer avec tant d'application,

*& Fables Indiennes.* 23

& tant de profit, ne se gouvernent tous que par un seul instinct; mais, il en est autrement des hommes qui ont chacun un naturel different. Comme ils sont composez d'ame & de corps, c'est-à-dire, de deux choses bien differentes, l'une subtile, & l'autre grossiere, de lumiere & de tenebres, d'une substance qui domine, & d'une substance qui est dominée, d'un être relevé, & en même temps d'un être vil & bas, l'un veut l'emporter par dessus l'autre, & c'est ce qui fait en eux toute les differences que l'on y remarque. De là vient qu'ils s'abandonnent à la convoitise, à l'envie, à la haine, à la colere, aux cruautez, aux injures, à la médisance, aux impostures, à la calomnie, & à toutes les passions déreglées. Ils méprisent de s'appliquer à la connoissance de leurs propres infirmitez, pour se jetter sur les défauts d'autrui, & tourner en mal tout le bien qu'ils apperçoivent.

Le Sultan fut penetré de ces paroles. Puisque les hommes, & particulierement ceux qui lâchent la bride à leurs passions, sont faits de la maniere que vous venez de les representer, reprit-il, le plus sûr seroit d'abandonner le monde, & de se jetter dans une profonde retraite, où l'on travailleroit à corriger ses mœurs. Peut-être que par ce moyen, l'on éviteroit le risque où l'on est de se laisser corrompre, en conversant parmi eux. Selon mon sentiment, il faut se tirer du milieu de cette mer orageuse, & gagner le rivage. Je n'avois pû pû concevoir jusqu'à présent, que le veritable repos consistât dans l'éloignement de la foule des hommes; je connois enfin qu'il est plus dangereux de les frequenter, que d'être environné de viperes, & qu'il est trés-difficile de se sauver en leur compagnie. C'est pour cela que je ne m'étonne plus que tant de saints personnages ayent pû se resoudre à choisir une caverne pour leur demeure, & à passer le reste de leurs jours dans la pauvreté. Je vois bien qu'ils se sont reglez sur le principe de morale, qui dit que le bon sens consiste à se cacher. En effet, le veritable contentement se trouve dans la retraite; & il vaut mieux vivre dans les tenebres, que dans un cahos de mœurs corrompuës. Ainsi, comme il est d'un homme de cœur, & bien sensé, de rompre avec tous ces embarras, de renoncer à lui-même, & de se retirer dans une solitude pour se donner tout à Dieu ; c'est le parti que je veux prendre, afin que Dieu ne me trouve pas dans l'attache pour le monde.

A ce discours, le Vizir qui vit que l'intention du Sultan tendoit à abandonner toutes choses, voulut le détourner de cette pensée : Sire, lui dit-il, quoique tout ce que votre Majesté vient de dire, soit veritable, & procede d'un genie trés-éclairé, & que d'ailleurs je tombe d'accord que la societé des hommes dissipe l'esprit, jette dans de grands inconveniens, & que la retraite fait rentrer en soi-même, tant pour ce qui regarde l'interieur, que l'exterieur; à tout bien consideré, neanmoins d'habiles gens, & d'une intelligence profonde, soûtiennent que la societé est préferable à la solitude, & que c'est en cet état que l'on acquiert toutes sortes de vertus.

Le sentiment de ces sages, est qu'il ne faut pas abandonner le grand monde; parce, disent-ils, que l'on est en danger, de perdre l'esprit & le bon sens dans la retraite. Votre Majesté se souviendra aussi de la maxime de sa Religion (a), qui rejette la vie solitaire, & qui dit qu'il n'y a pas de celibat dans la Religion Musulmane; & elle en tirera cette consequence, que la societé lui est préferable. De plus, comment peut-on s'imagi-

(a) C'est la Religion Mahometane.

ner qu'il faille preferer la solitude à la vie civile, lorsque Dieu met les hommes dans la necessité d'avoir besoin les uns des autres ? De là, il est aisé de conclure qu'il faut rechercher la societé.

A ces choses, votre Majesté ajoûtera, que les hommes ne peuvent vivre sans un secours mutuel, & qu'il est impossible qu'ils se donnent du secours, s'ils ne vivent ensemble. Supposons qu'un homme dans la solitude, veuille vivre, se vêtir, & se faire une maison : Premierement, pour être en état de pourvoir à sa subsistance, il faut d'abord qu'il se fasse des instrumens propres pour labourer la terre. Pendant qu'il y travaillera, demeurera-t-il sans nourriture ? C'est cependant tout ce qu'il pourroit faire dans le cours de sa vie que d'achever, je ne dis pas tous les instrumens & tout l'attirail qui lui seroit necessaire, mais même la moindre partie de tout cela. C'est aussi pour ce sujet que les plus experimentez ont dit il y a long-temps, qu'il faut que mille ouvriers ayent employé leur travail, avant de pouvoir porter un morceau de pain à la bouche. Cela fait voir qu'un homme seul ne peut rien sans secours, & ce secours ne peut s'obtenir que par la societé. Ainsi, loin que l'on puisse prétendre que la vie solitaire soit avantageuse à l'homme, ce que je viens de dire fait connoître que c'est une vie dans laquelle il est impossible de subsister; & que votre Majesté doit se tenir à l'état dans lequel elle se trouve car à le bien prendre, la vie solitaire est une vie de gens qui ne peuvent, ou qui ne veulent rien faire.

C'est la Philosophie, reprit-il, & les connoissances que vous avez, qui vous font dire de si belles choses. Mais, quoi que vous puissiez dire, il faut que vous tombiez d'accord, que les hommes, comme vous le voulez, ne peuvent vivre en communauté sans avoir des differens, des disputes, & des procez les uns avec les autres; il faut vuider ces procez & ces differens. L'on ne peut les vuider sans donner gain de cause aux uns, & desoler les autres en les condamnant. Si ceux qui auront perdu leur procez sont opiniâtres, & ne veulent pas se tenir à la décision donnée, con-

*& Fables Indiennes.* 31

siderez quel desordre ce doit être.

A cela repartit le Vizir, je répons à votre Majesté, qu'il n'est pas si difficile d'étouffer les disputes & les procez, qu'elle s'imagine, en observant la loi constante & certaine, qui veut que chaque particulier se contienne dans les bornes de son devoir & de son état, & soit réprimé dès qu'il en sort. C'est par cette observation que l'on arrive à la distribution de la justice, qui consiste dans la médiocrité; & la mediocrité n'est autre chose que la reduction de chaque chose dans ses propres limites. Je supplie votre Majesté de se souvenir de la maxime, qui dit que la mediocrité est la regle de toutes les affaires.

Voilà, dit le Sultan Humaïounfal, qui va le mieux du monde : mais qui fera le particulier qui s'ingerera d'adminiſtrer cette diſtribution de juſtice ? Le Vizir reprit auſſi-tôt ſans heſiter : Ce ſera, Sire, celui que Dieu aura choiſi pour commander aux autres. Comme les hommes d'eux-mêmes negligent de faire leur devoir, par le penchant qu'ils ont à ſe gouverner ſelon leurs paſſions, Dieu leur donne un chef pour les obliger de pratiquer ce qui eſt de juſtice, & s'abſtenir de ce qui lui eſt oppoſé.

Mais quelles qualitez, demanda le Sultan, doit avoir ce chef que vous dites ? Car vous le chargez d'une fonction qui demande bien des ſoins, & beaucoup d'exactitude ; & je ne ſçai s'il eſt aiſé d'en trouver qui

& Fables Indiennes. 33

puisse s'en acquiter dignement.

Ce chef, Sire, répondit le Vizir, doit avoir connoissance des maximes du gouvernement, & de ce qu'il y a de plus singulier dans la distribution de la justice ; autrement sa puissance ne sera pas assûrée, & ses Etats seront exposez à changer de maître. Un Empire n'est affermi que par la justice ; non seulement un Empire, mais generalement tout l'Univers, ne subsiste que par elle.

Il faut aussi que ce chef connoisse parfaitement les personnes de la plus haute qualité, & les principaux Officiers de ses Etats, afin qu'il sçache autant qu'il est possible, les égards qu'il doit avoir pour eux, selon leur rang & leur mérite. Il n'est pas moins necessaire qu'il connoisse jusqu'à quel point il doit tenir ses Peuples dans la soumission, afin qu'il en tire tout le service & tout le secours qu'il en doit attendre. Il doit particulierement s'étudier à connoître ceux qui approchent le plus prés de sa personne; parce qu'il y en a peu qui soient assez dévoüez aux interêts de leur Souverain, pour n'avoir autre chose en vûë que le bien de ses Etats, & la conservation de sa personne.

Cette connoissance est d'autant plus importante, que la plûpart abusent du poste où ils sont à sa Cour, pour mieux executer leurs desseins pernicieux. Au lieu de reconnoissance envers celui qui les a mis dans leur élevation, ils n'ont autre but que de lui susciter mille trouble & mille embarras.

Si d'un côté le Prince s'imagine qu'il en tire du service, il a d'un autre côté mille sujets de chagrin de leur conduite. Les belles paroles ne leur manquent pas pour se bien mettre en son estime ; leur véritable intention la plûpart du temps n'est que d'en tirer de nouvelles faveurs. Ils cachent leur avidité & leur interêt sous le manteau d'une moderation affectée ; & le plus souvent, ils ont une haine, & une envie mortelle les uns contre les autres.

Le Prince doit avoir une aversion toute particuliere pour ces derniers, qui sont beaucoup plus nuisibles à l'Etat, qu'ils ne lui sont avantageux ; & employer tous les moyens possibles pour les exterminer dés qu'il s'apperçoit de leurs mauvais desseins

& de leurs cabales, afin d'en arrêter les suites dangereuses. Au lieu de se garder d'eux s'il écoûte leurs discours trompeurs, & s'il néglige de pénetrer dans ce qu'ils se sont proposé, il donne lieu à un bouleversement general. Il ne doit donc pas prêter l'oreille à ces sortes de personnes, parce qu'ils n'agissent que par la haine & la passion qu'ils ont dans le cœur, & c'est par cette haine & cette passion, qu'ils peuvent en un moment mettre tout en confusion. Si le Prince est vigilant, penetrant, avisé & prévoyant, il se gardera facilement des surprises qu'ils pourroient lui faire, & découvrira la verité au travers de leurs fourberies & de leurs mensonges. Par son attention à les observer, il évitera non-seulement le trouble & le désordre; mais il arrivera même au plus haut degré d'autorité & de grandeur, & la vigilance jointe avec la moderation, fera son bonheur.

Aprés qu'il se sera faite une étude des maximes de la sagesse & des regles de la justice, pour servir de base au gouvernement de son Empire, il est encore trés-important à un Monarque de prendre conseil des sages, & des personnes consommées dans les affaires, & d'avoir soin que ses Etats soient peuplez & cultivez, & que ses sujets ayent l'esprit content & joyeux. C'est de cette maniere que Dabchelim, ce puissant Roy des Indes, gouverna autrefois par les sages conseils du fameux Bidpaï, pour servir de modele, comme il le fit, à tous les Monarques de l'Univers, qui vinrent aprés lui. Ce fut aussi par ce moyen, qu'il jouit d'un regne paisible, & de longue durée, conformément à ses souhaits, & qu'à sa mort, il laissa cette grande réputation, qui le rend si recommandable à la posterité. Cette réputation doit être l'objet, & le but d'un grand Monarque, qui aspire à la gloire; parce que de toute la grandeur, & de tout l'éclat dont il jouit en ce monde, c'est la seule chose qui reste aprés lui, autant que mon peu de génie peut me le faire concevoir.

Aux noms de Dabchelin & de Bidpaï, le Sultan se sentit épanouir le cœur, de la même maniere qu'un bouton de rose s'ouvre le matin au souffle d'un doux zephirs : Il y a long-temps, dit-il au grand Vizir, que je desire d'être informé de l'histoire de Dabchelim & de son Bramine, & d'entendre le récit de leurs entretiens les plus particuliers. Quelque soin que j'aye pris jusques à présent de me procurer cette satisfaction, jamais je n'ai pû y arriver, & je n'ai pû rencontrer personne qui m'en ait pû dire la moindre chose. Mais, Dieu soit loué, je m'apperçois que vous sçavez ce que je souhaite d'apprendre avec tant d'ardeur. J'ai trouvé, enfin ce que je cherchois, & je me vois au moment de jouir de ce que je demandois à Dieu avec tant de ferveur. Je me flatte que vous ne me remettrez pas à un autre temps, que dés-à-present vous me ferez part des discours que ces deux personnes si illustres eurent ensemble, & que vous ne me cacherez rien de tant de choses exquises, dont je veux profiter,

Les marques que je vous donnerai de la reconnoissance du plaisir que vous me ferez en cela, vous feront connoître à quel point je m'en tiendrai obligé. Comme je prétens que mes sujets tirent de l'avantage des sages conseils que je vais entendre, cela doit vous faire juger de l'estime que j'en ferai. Ne doutez pas aussi que je ne sçache trés-bien que la langue du sage, est la clef du tresor de la sagesse. Ouvrez donc ce tresor & parlez. Vous ne pouvez rien faire qui mérite davantage mon approbation, & celle de tout le monde, que d'exposer à votre souverain, des choses dont

il

*& Fables Indiennes.*

il puisse faire son profit, puisqu'il s'agit de la tranquillité & du bonheur de ses peuples.

Le grand Vizir qui avoit l'esprit présent & une grande facilité de s'énoncer, ne put se dispenser d'obéir au Sultan son Maître, qui le pressoit si obligeamment. Il lui donna la satisfaction qu'il souhaitoit, & raconta dans les termes qui suivent, & avec toute l'éloquence dont il étoit capable, l'histoire qu'il demandoit.

---

### Histoire de Dabchelim & de Bidpaï.

SIre, dit le grand Vizir, dans les anciennes histoires qui sont venues à ma connoissance, j'ai lû que dans les Indes noires qui font dans l'Univers le même effet de beauté, qu'une mouche sur un beau visage, il y avoit un Monarque fortuné & glorieux par le nombre de ses victoires & de ses conquêtes, ou plûtôt pour parler selon le langage du pays qui lui étoit soumis, un Roy doué de qualitez si excellentes, qu'il étoit capable de gouverner tout le monde, un Roy amateur de ses sujets & destructeur des mutins, un Roy qui gouvernoit avec une justice si exacte, qu'il avoit entierement banni la tyrannie de ses Etats, & que ses peuples vivoient dans un repos parfait sous son regne; il portoit le nom de Dabchelim.

La grandeur de Dabchelim étoit à un si haut degré d'élevation qu'aucun autre Monarque

n'en approchoit de son temps ;
& son unique occupation étoit
de donner tous ses soins aux affaires les plus importantes de son
Empire. En mille endroits, il
avoit des Elephans d'une corpulence si prodigieuse, que les autres ne paroissoient que des
Chameaux auprés d'eux ; & les
Troupes dont ses Armées étoient composées, étoient si nombreuses que l'on n'en sçavoit pas
le détail. Son Empire dans sa
vaste étenduë, étoit trés-peuplé;
& ses sujets étoient si bien traitez, qu'ils menoient une vie heureuse & exempte de misere. Il
faut ajoûter que rien n'étoit plus
magnifique que sa Cour. Il
possedoit lui seul enfin tous les
avantages que les autres Monarques avoient tous ensemble. Environné de tant de gran-

deur, il ne dédaignoit pas de prendre connoissance des differens qui naissoient entre ses sujets, & de les accommoder. Sur tout, il se chargeoit lui-même des affaires qui regardoient le Gouvernement, parce qu'il sçavoit que la necessité de son devoir étoit indispensable sur ce point.

Aprés que le bel ordre fut établi dans ses Provinces, & qu'il eut éloigné les ennemis de ses frontieres, comme il vit qu'il joüissoit d'un heureux repos, il faisoit des regals, des fêtes & des festins continuels à sa Cour, où il invitoit tous les Sçavans de distinction, & tous ceux qui excelloient en quelque profession que ce fût; & là il donnoit lieu à des entretiens trés agréables, qui lui faisoient un veritable plaisir.

Un jour il fit préparer un superbe festin avec grande magnificence, & y assista en personne, assis sur son Trône. L'on y servit tout ce qu'il y avoit de plus délicat & de plus recherché, tant pour les viandes que pour la boisson ; les viandes servies dans des plats d'or massif, & les differentes boissons dans des coupes de même métal, avec un concert de toutes sortes d'instrumens. Aprés les charmes de la table & de la musique, pour satisfaire l'esprit aussi bien que le corps, il témoigna qu'il souhaitoit de s'entretenir sur des matieres de sciences & de morale, dont il pût tirer quelque profit. Pour en fournir lui-même la matiere, il fit plusieurs questions à ses courtisans & aux sçavans, touchant ce qui regardoit les bonnes mœurs, & il exigea que chacun à son rang, parlât sur une vertu, en fît la description, & en exposât tous les avantages.

Le discours dont il fut le plus touché, fut celui qui eut la liberalité pour sujet. En effet, aprés que l'on eut satisfait à ce qu'il avoit proposé, chacun tomba d'accord que cette vertu surpasse toutes les autres, & qu'elle doit leur être préferée dans la pratique, parce qu'il n'y a pas de creature raisonnable qui ne puisse la pratiquer ; & que par elle, entre toutes les autres, l'on se rend digne du Paradis. Cette pensée donna lieu d'en marquer l'excellence, en disant que c'est un des arbres plantés dans ce lieu de délices : & l'on conclut enfin que la liberalité est si agreable

*Fables Indiennes.* 47

à Dieu, que c'est par elle qu'il se laisse appaiser, & qu'il fait misericorde.

Dabchelim penetré de ce qu'il venoit d'entendre, voulut sur le champ mettre en pratique, une leçon si profitable; il ordonna que l'on ouvrît son tresor rempli de richesses, tant aux petits qu'aux grands de sa capitale, sans en excepter les étrangers qui s'y trouvoient. Ainsi les pauvres qui furent compris dans cette largesse devinrent riches. Le reste de la journée fut employé à cette distribution, & lorsque la nuit eut succedé au jour, Dabchelim se retira dans son appartement, & se coucha. Au plus fort de son sommeil, comme son imagination ne lui représentoit que des objets agréables, un vieillard venerable environné de lumiere lui apparut en songe, & en l'abordant. Tu as fait aujourd'huy, lui dit-il, une largesse de grandes sommes, & tu as épuisé un riche tresor en aumônes. Cette action mérite récompense : demain, dés que le soleil sera levé, monte à cheval, & prends ta route vers le levant, tu trouveras de ce côté-là, un tresor proportionné à la haute dignité que tu possede, & avec ce trésor, je t'annonce que tu eleveras ta grandeur à un degré si sublime, qu'elle arrivera jusqu'aux cieux. Dabchelim se réveilla à cette bonne nouvelle qui venoit d'en haut, le cœur rempli de joye, & en faisant sa priere, comme il avoit coutume de la faire tous les matins, il remercia Dieu de la faveur qu'il venoit de recevoir.

Dabchelim

& Fables Indiennes. 49

Dabchelim eut à peine achevé sa priere, qu'on lui amena un cheval richement harnaché, selon l'ordre qu'il en avoit donné en se levant; en même temps il mit le pied à l'étrier, & prit le chemin qui lui avoit été marqué. Lorsqu'il fut en pleine campagne loin des habitations, il jettoit les yeux de tous les côtez, & cherchoit s'il n'appercevroit rien qui eût rapport à ce qui lui avoit été promis.

Comme il cotoyoit une haute montagne, il vit au pied l'ouverture d'une grotte peu éloignée du chemin, où un bon vieillard qui y vivoit retiré du monde étoit assis. L'envie le prit de s'entretenir avec lui, & il détourna son cheval pour aller à la grotte; au moment que le vieillard s'apperçut du dessein

E

de Dabchelim, il se leva & alla au devant de lui : ô vous, lui dit-il, l'œil de mon cœur, à qui Dieu a donné l'Empire du monde, cette demeure est à vous, mettez pied à terre & prenez la peine d'entrer.

Quand Dabchelim fut descendu de cheval, & qu'il se fut assis, le vieillard reprit la parole en ces termes : Sire, quoique la chetive retraite d'un miserable, accoûtumé à souffrir, soit fort meprisable en comparaison d'un Palais éclatant d'or & d'azur, & ne mérite pas d'être regardée aprés les riches appartemens de votre Majesté ; quelquefois néanmoins les anciens Monarques ont honoré les Solitaires de leur présence, ils leur ont donné des témoignages de leur consideration, portez à le faire par leur bon naturel & par leurs inclinations louables, qui ne les distinguoient pas moins des autres hommes, que leur puissance. Ce n'est pas aussi une chose indigne des grands, de visiter les pauvres, puisque Salomon, ce Roy si puissant, daigna jetter les yeux sur la fourmi, au milieu de sa grandeur.

Dabchelim satisfait du compliment du vieillard, lui témoigna le desir qu'il avoit d'être son ami, & de trouver l'occasion de l'obliger. Il lui marqua aussi nonobstant la gloire & l'éclat qui l'environnoit, qu'il ne laissoit pas d'avoir besoin du secours de ses prieres, & le pria de l'en favoriser.

Aprés un entretien de quelque temps, comme le vieillard vit que Dabchelim se disposoit à remonter à cheval, & à passer plus outre; Sire, lui dit-il, quoiqu'un pauvre solitaire tel que moi, ne paroisse pas avoir de quoi régaler un hôte du rang de votre Majesté selon son mérite; j'ose neanmoins mettre à ses pieds ce qui se trouve en cette grotte. C'est, Sire, un tresor trés considerable en or & en argent, en pierreries & autres choses précieuses que mon pere m'a laissé en mourant. Je ne me suis pas mis en peine d'en profiter, parce que je suis suffisamment content & satisfait du tresor de la sobrieté, qui me suffit pour le bien de mon ame, avec une entiere résignation à Dieu. Ainsi, comme j'ai trouvé mon repos dans la maniere de vie que j'ai embrassée, & que j'ai renoncé à toutes les grandeurs du monde, si votre Majesté veut bien accepter le présent que je lui fais, elle peut faire enlever tout ce qui se trouvera enfoui dans cette grotte; ce sera dequoi augmenter ses tresors, & subvenir aux besoin de ses Etats.

A ce discours Dabchelim qui vit le commencement de l'effet de son songe, avec une joye qui paroissoit sur son visage, en fit le récit au vieillard, & lui dit qu'il ne doutoit pas d'en voir l'effet entier. Sire, reprit le vieillard, peut-être que le tresor n'est pas convenable à la grandeur de votre Majesté; mais elle ne doit pas le negliger, puisque c'est Dieu qui le lui envoye, & que l'on ne doit rien rejetter de ce qui vient de sa part.

Dabchelim commanda que l'on mît la main à l'œuvre, & ceux qui s'y employerent n'eurent pas travaillé longtemps, qu'ils découvrirent l'ouverture du tresor, d'où ils tirerent tout ce qui s'y trouva, & l'apporterent devant lui ; sans parler d'un grand nombre de couronnes, de bagues, de joyaux, de bijoux, de pendants d'oreilles, de fils de perles, il y avoit des caffettes & des coffres d'or maffif, avec quantité de vaiffelle d'or & d'argent. Dabchelim fit ouvrir ces caffettes & ces coffres, & il y vit une prodigieuse quantité de perles, d'émeraudes, de rubis & de diamans, & d'autres pierres précieufes d'un prix ineftimable. Parmi ces coffres, il s'en trouva un remarquable par deffus les autres, par les pierreries

& Fables Indiennes.

dont il étoit rehaussé, par les barres dont il étoit renforcé, & par un cadenat qui correspondoit au coffre par l'émail dont il étoit enrichi. Mais il n'y avoit point de clef, & on ne la trouva pas, quelque diligence que l'on fît en la cherchant dans les autres coffres.

Cette difficulté augmenta la curiosité de Dabchelim, qui souhaita plus ardemment de voir ce qui étoit renfermé dans ce coffre. Il depêcha des officiers, avec ordre de faire venir en diligence, non pas un, mais plusieurs Serruriers. Il fut obéi promptement, & le cadenat rompu, l'on trouva dans le coffre une cassette enrichie de pierreries, & dans la cassette une boëtte d'or, d'un travail exquis, & d'une trés-belle forme;

Dabchelim se la fit donner, & en l'ouvrant lui-même, il y trouva un morceau d'étoffe de soye blanche, avec un nombre de lignes écrites dessus en caracteres Syriaques. Il en fut étonné, & il demanda ce que ce pouvoit être. Quelques-uns dirent qu'apparemment c'étoit le nom de celui à qui le trésor avoit appartenu, d'autres que c'étoit un Talisman, qui y avoit été renfermé pour sa conservation, & d'autres furent d'un autre sentiment. Comme chacun eut dit ce qu'il en pensoit : Quoiqu'il en soit, dit Dabchelim, il s'agit de lire ces caracteres, & je veux sçavoir ce qu'ils contiennent. Mais de tous ceux qui étoient prés de lui, personne ne s'étant trouvé capable de satisfaire sa curiosité ; cela l'obligea de faire chercher inceſſamment quelqu'un à qui ces caracteres ne fuſſent pas inconnus. Aprés une grande recherche, on découvrit enfin un Philoſophe trés-ſçavant & trés verſé dans les langues étrangeres qu'on lui amena. Dabchelim le reçut avec beaucoup d'honneur, & en lui préſentant le morceau d'étoffe: Je vous ai fait venir, dit-il, afin que vous me donniez l'interprétation de cette écriture, qui contient apparemment des choſes qui me feront plaiſir. Le Philoſophe aprés avoir lû avec attention ce qui étoit contenu dans cet écrit, s'adreſſa au Sultan; Sire, lui dit-il, ceci eſt un tréſor plus conſiderable que tous les autres, par rapport aux bons conſeils & aux avis utiles, qui y ſont contenus; voici l'interprétation fidelle,

### Testament du Roi Houschenk.

Moi, Houschenk, qui suis maître du monde, je mets ces richesses en dépôt dans ce lieu, pour le grand & puissant Empereur des Indes, Dabchelim, sur la connoissance que j'ai par revelation qu'elles lui sont destinées. Et avec cet or, cet argent, ces joyaux, j'ai fait enfermer ce Testament en forme d'instruction, afin qu'il en fasse son profit à la découverte qu'il fera de ce Tresor.

Il sera averti que ce n'est pas avoir l'esprit juste, de se laisser tromper par l'éclat de l'or & des pierreries. C'est au contraire une grossiereté manifeste de se laisser éblouir par le brillant de ces sortes de choses ;

*& Fables Indiennes.* 59
semblables aux marchandises de vil prix, qui se gâtent à force de passer d'une main à l'autre ; & à ces fameuses courtisannes qui changent de galant toutes les nuits. Quelle simplicité de rechercher les biens & les grandeurs de ce monde avec tant d'empressement ! Qui sont ceux qui en ont joui tranquillement, pour esperer que nous puissions avoir le même avantage ? Ce monde ressemble à un os sans moëlle, & c'est une demeure où l'on ne doit pas attendre de sûreté. Ce Testamment est toute autre chose ; c'est le fondement & la base de l'administration des Etats, & la veritable regle selon laquelle l'édifice d'un Empire doit être élevé. Si ce sage Empereur employe ces instructions pour se bien gouverner, son re-

gne sera ferme & durable, & la renommée de ses belles actions sera glorieusement portée & continuée jusques à la fin des siecles. Les Monarques qui les mépriseront, & qui se gouverneront autrement que selon ce qu'elles prescrivent, doivent s'attendre que leur Empire s'ébranlera infailliblement, & tombera en ruine sans ressource. Ces instructions sont comprises en quatorze articles, que voici :

1°. Le Monarque n'écoutera pas les rapports qu'on lui fera contre ceux qu'il aura une fois admis & élevé au nombre de ses conseillers, parce que celui qui est une fois entré dans la faveur d'un Sultan, est aussi-tôt en but à l'envie de ceux qui sont dans la même faveur. Ces envieux n'ont pas plûtôt remarqué que le Sultan s'est confirmé dans les bonnes intentions qu'il a pour lui, & qu'il le comble de ses bienfaits, qu'ils employent toutes les addresses possibles, & tous les discours flateurs dont ils peuvent s'aviser, pour le détruire dans son esprit, & faire en sorte qu'il n'ait plus la même consideration, & qu'il change sa bienveillance en haine, & les bienfaits en mauvais traitement.

2°. Il ne souffrira pas les médisans ni les calomniateurs prés de sa personne, parce qu'ils ne sont propres qu'à causer le trouble & la sédition. Il ne doit pas hésiter de mettre le sabre en usage, pour faire perir le premier qu'il connoîtra être de ce nombre, afin d'éteindre en son origine, le feu qui pourroit s'allumer & faire de grands ravages dans ses Etats. Et il doit se souvenir qu'il n'y a pas d'autre remede au feu qui menace de consumer les mortels, que de l'éteindre.

3°. Il entretiendra la bonne intelligence entre les Ministres & les principaux Seigneurs de ses Etats, parce que les affaires importantes ne peuvent réussir que par leur bonne union, & particulierement les grandes conquêtes. De même qu'une parfaite beauté peut donner de l'amour à tout le monde, de même aussi, une parfaite union est capable de conquerir tout le monde.

4°. Il ne se laissera pas tromper par les beaux semblans, ny par les flatteries interessées & dissimulées de ses ennemis. Quelque amitié & quelque apparence

& Fables Indiennes. 63

de soumission qu'il remarque en eux, qu'il prenne toujours ses précautions, & n'ajoute pas foy legerement à toutes leurs protestations de bonne intelligence. Cette bonne intelligence n'est pas plus possible, qu'il est vrai qu'il y a un griffon, ou que l'on a trouvé la pierre philosophale. En fait de politique, jamais un ennemi ne devient ami, & jamais l'on ne voit rien de sa part qui ait rapport à une parfaite union.

5°. Aprés mille peines & mille travaux, lorsqu'il sera venu à bout de ses desseins par de grandes conquêtes, qu'il ne neglige rien pour les conserver, & pour empêcher qu'elles ne lui échapent par sa faute ; il n'y rentreroit pas une autrefois, tel soin qu'il pût prendre, & son repentir feroit inutile. Une fleche une fois décochée, ne retourne plus à la main, quand même par un dépit, l'on mangeroit à belles dents, le poing qui l'a lâchée.

6°. Il n'agira pas avec précipitation dans les affaires qu'il entreprendra ; il examinera & pefera bien toutes chofes auparavant, parce que la précipitation jette en de grands inconveniens, au lieu que la patience & la retenue apportent avec elles, des avantages infinis. Qu'il ne faffe donc rien, qu'aprés y avoir bien penfé. L'on peut faire ce qui n'eft pas fait : mais le repentir eft vain, & la faute irréparable lorfque l'on a fait quelque chofe dont l'on n'eft pas content.

7°. Jamais il ne lâchera les rênes de la prudence. Au cas que

que ſes ennemis ſe liguent pour venir l'attaquer, s'il entrevoit la moindre ouverture pour ſe délivrer du danger en diſſimulant, & en faiſant ſemblant de vouloir vivre en paix avec eux, qu'il n'héſite pas d'embraſſer ce p rti. Un ſemblable détour tient lieu de bataille gagnée, & c'eſt un trait de ſageſſe d'éviter & de faire ainſi avorter leurs deſſeins. L'on peut par addreſſe, comme diſent les ſages, échaper de la méchanceté de ſes ennemis.

8°. Qu'il tienne pour maxime, de ne ſe croire jamais en ſureté de la part des envieux, & de n'ajouter foy, ni à leurs complimens, ni à leurs flatteries. Le rejetton de l'envie une fois enraciné dans le ſein des hommes, ne produit que malheur pour tout fruit.

9°. Il sera toujours prompt à pardonner, & il ne mortifiera pas même ses courtisans, pour des fautes legeres. De tout temps, les personnes élevées au dessus des autres, ont fermé les yeux aux manquemens de respect, & au peu de politesse de leurs inferieurs. Les petits ont toujours fait des fautes, & les grands ont toujours pardonné. Les Rois doivent suivre l'exemple de ceux-ci, & ne pas user de toute leur autorité, contre ceux qui approchent de leurs personnes, lorsqu'ils sont tombez en quelque rébellion, ou qu'ils ont commis quelque crime considerable. Ils doivent user de clemence envers eux, les caresser & leur faire de nouveaux bienfaits, pour ne pas les jetter dans le desespoir. Les Sages disent : Ne précipitez pas au premier mouvement de votre colere, ceux que votre main bienfaisante a élevez.

10°. Qu'il ne fasse mal ny tort à personne, afin que l'on en use de même envers lui ; le mal, selon le proverbe, est la récompense du mal. Qu'il répande plûtôt ses bienfaits & ses largesses, afin qu'on lui rende le bien pour le bien. Si l'on fait du bien, l'on reçoit du bien en récompense ; si l'on fait du mal, on reçoit ordinairement un plus grand mal. Souvent l'on vit dans l'ignorance du bien & du mal ; un jour arrive, cependant que l'on rend compte du bien & du mal que l'on a fait.

11°. Qu'il n'entre pas dans les affaires, qui ne regardent ni sa personne, ni son caractere, ni ses Etats. Mille gens pour avoir entrepris de se mêler des affaires qui ne les touchoient pas, non seulement n'y ont pas réussi, ils ont même ressenti un trés-grand dommage en leurs propres affaires. Un corbeau pour avoir voulu apprendre à marcher comme la perdrix, ne vint pas à bout de ce qu'il prétendoit; il oublia même la maniere de marcher qui lui étoit naturelle.

12°. Qu'il joigne un cœur doux à ses autres perfections: un cœur doux & affable, est capable de gagner tout le monde. La douceur fait plus d'effet qu'un sabre de fin acier. Elle est plus propre à vaincre & à soumettre, que cent armées jointes ensemble.

13°. Lorsqu'il aura à sa Cour

des Ministres sûrs & fidelles, il se gardera d'y admettre des fourbes & des seditieux. Quand les Ministres sont une fois tels qu'on peut les souhaiter, les secrets de l'Etat ne sont pas exposez aux surprises des mal intentionnez, & les peuples sont à couvert. Mais, si les Ministres ont de méchantes intentions, il peut arriver qu'en les écoutant, le Prince fasse périr un innocent, & cela peut lui attirer quelque malheur imprévu.

14°. Les afflictions & les revers de fortune ne doivent causer aucun changement, ni dans sa conduite, ni dans la grandeur de son courage. Il considerera que le sage est toujours dans les travaux ; mais qu'il les souffre patiemment, & qu'il n'est pas ébranlé de voir l'insensé dans les plaisirs & dans les délices. Qu'il se console de la fermeté du lion dans les chaînes, & qu'il se soucie peu que le renard ait la liberté de faire sa retraite dans des Palais ruinez. Il doit, enfin, être persuadé que l'on n'arrive à la felicité parfaite, que par une grace particuliere d'en haut, & que l'on ne tire aucun avantage de toutes les grandeurs du monde, sans le secours du ciel. La felicité ne s'acquiert dans la vie, ni par la science, ni par les arts. Elle consiste en une soumission trés-étroite aux décrets de la divine providence.

Chacun de ces quatorze préceptes a rapport à une histoire surprenante & merveilleuse : si le grand Raï desire d'entendre ces histoires, il faut qu'il aille

& Fables Indiennes.

à la montagne de l'Ile de Sarandib, où le premier des hommes vint du Paradis terrestre sur la terre. Il y trouvera aussi la solution de toutes ses difficultez, & les questions qu'il pourra faire lui seront expliquées.

L'écrit finissoit en cet endroit, & le Philosophe en achevant, le remit entre les mains de Dabchelim. Ce Monarque le reprit avec beaucoup de respect, comme un préservatif qu'il étoit résolu de porter sur soi, attaché au bras ou pendu au col. Il embrassa le Philosophe, pour marquer la satisfaction qu'il avoit du plaisir qu'il venoit de recevoir par son secours : Par la lecture que je viens d'entendre, lui dit-il, je connois que ce trésor, ne m'a pas été indiqué pour l'or, ni pour l'argent qui le composent ; mais pour les enseignemens si utiles qui y étoient cachez. Avec la grace de Dieu, je n'ai pas lieu de desirer plus de richesses que j'en possede. Je me contente des avis salutaires contenus dans cet écrit, que j'estime plus que tous les trésors du monde ; je donne même tout le reste aux pauvres de bon cœur, en action de graces à Dieu, tant pour le soulagement que l'ame du Roy Houschenk pourra en recevoir, que pour le mérite qui peut en retomber sur ma personne.

En même temps, Dabchelim fit faire la distribution de toutes les richesses du trésor, & par ce moyen aprés qu'il se se fut délivré de l'inquiétude qu'elles auroient pû lui causer, il retourna à sa capitale, & rentra

tra dans son Palais, où il passa la nuit, l'esprit occupé du voyage à la montagne de Sarandib, dans l'impatience où il étoit de voir la fin d'une découverte si heureuse.

Le lendemain dés qu'il fut jour, & que le Soleil eut commencé de jetter ses rayons sur la surface de la terre, il envoya chercher deux de ses Vizirs, qu'il considéroit avec le plus de distinction, & qui étoient auprés de lui d'un plus grand poids que leurs collegues. Il les reçut avec des témoignages de bienveillance; & pour leur exposer sa pensée: Depuis l'avanture d'hier, dit-il, la passion de faire le voyage de l'Isle de Sarandib, s'est emparée si fortement de mon esprit, que je me sens tenté avec violence de la

G

satisfaire. Mais auparavant, je suis bien aise de sçavoir votre sentiment touchant mon dessein. Il y a longtemps que je me sers avantageusement de vos conseils pour résoudre mes difficultez, & que je me repose sur votre capacité, de l'administration de mon Empire, tant de celles qui regardent sa sureté, que la direction de mes finances ; j'espere qu'aujourd'hui vous me ferez encore part de vos lumieres sur ce voyage, pour fortifier les miennes, afin, que le tout bien examiné, je puisse prendre une résolution conforme à vos avis. Je sçai bien qu'il ne faut rien entreprendre avec legereté, & qu'aucune affaire ne réussit heureusement sans conseil.

Les deux Vizirs répondirent d'un même accord, que cette demande étoit d'assez grande importance, pour mériter que l'on y fît réflexion, que les Princes ne faisoient pas de voyages qu'aprés y avoir bien pensé, & que des discours non préméditez sur des matieres comme celle dont il s'agissoit, ressembloient à de la monnoye qui n'étoit pas de poids; ainsi qu'ils le supplioient de leur accorder ce jour là & la nuit suivante pour y penser, & que le lendemain matin ils auroient l'honneur de communiquer à sa Majesté, ce qu'ils auroient medité là dessus. Dabchelim leur ayant accordé ce qu'ils demandoient, le lendemain les deux Vizirs retournerent à l'heure marquée, & prirent leur place ordinaire, & attendirent que Dabchelim leur ordonnât de parler. Le grand Vizir qui eut ordre de commencer le premier, mit le genouil en terre, & aprés la priere ordinaire pour la prosperité de sa Majesté, il commença ainsi son discours :

Puissant & juste Monarque, l'avis de votre esclave touchant le voyage que votre Majesté se propose, est qu'à la verité, il paroît qu'elle tirera quelque avantage de l'entreprendre. Mais, je ne puis me dispenser de lui remontrer qu'elle aura de terribles fatigues à essuyer dans les chemins, elle doit tenir pour certain, qu'elle n'aura ni plaisir ni repos, tant qu'elle sera obligée d'être en marche ; elle sera au contraire dans une action & dans des souffrances continuelles, elle n'ignore pas ce que dit le proverbe, que le voyage est une idée des tourmens que l'on souffre en enfer. La raison pourquoi la prunelle fait l'honneur des yeux, c'est qu'elle ne sort point de son lieu ; par la raison contraire, les larmes qui tombent par terre sont foulées aux pieds. A ne rien déguiser, il n'y a que de la fatigue & des peines horribles à souffrir dans les voyages, & l'on n'a du contentement & de la joye, qu'en demeurant en un même lieu. Si cela est, il y a de la sagesse à ne pas faire un échange du repos où l'on est, avec des peines & des fatigues ; à ne pas se priver d'un bien présent dont l'on jouit, pour satisfaire une passion qui peut-être n'est pas bien fondée, & à demeurer dans l'état où l'on se rencontre, au lieu de courir par le monde, pour ne pas tomber dans le malheur qui arriva autrefois à un certain pigeon.

Dabchelim interrompit le grand Vizir en cet endroit, & le chargea de lui faire le récit de l'avanture qui étoit arrivée à ce pigeon, & le Vizir le satisfit en ces termes.

## LES DEUX PIGEONS.

### FABLE.

Deux Pigeons, Sire, dit le grand Vizir, faisoient leur demeure en un même nid; ils y vivoient contents de la seule provision de grain & d'eau qu'ils avoient en abondance, & les douceurs & les délicatesses de tout le monde ensemble ne faisoient pas la moindre impres-

& Fables Indiennes. 79

sion sur leur esprit : ils y avoient renoncé avec une resolution aussi ferme que les Derviches les plus retirez. L'un se nommoit Bazendeh, & l'autre Nevazendeh ; & chaque soir & chaque matin, ils ne manquoient pas de faire ensemble un concert de leur ramage. Mais, quoique l'amour qu'ils avoient l'un pour l'autre, fît qu'ils se contentoient de vivre séparez de tout le reste du monde, le temps trompeur & inconstant, par une envie du bonheur dont joüissoient ces deux amis par leur union, fit naître neanmoins la passion de voyager dans le cœur de Bazendeh, & causa d'abord une grande contestation entre-eux.

Bazendeh fit part de son dessein à Nevazendeh : Ma chere

G iiij

ame, luy dit-il, prétendons-nous passer toute notre vie dans ce nid comme dans une prison? Pour moi, je ne puis vous cacher que j'ai une grande passion de voyager, & de voir un peu le monde. Je conçois qu'en voïageant, je verrai beaucoup de choses extraordinaires qui me procureront de l'experience que je n'ai pas. Le sabre, qui ne sort pas du foureau, pour agir dans le combat, ne prend pas le poli qu'il doit avoir; & la plume ne met pas au jour tant de belles productions d'esprit en demeurant dans son étui, mais en faisant son chemin sur le papier. Le Ciel qui est toûjours en mouvement, est à l'endroit le plus élevé de l'Univers; la terre qui est dans un repos continuel, est foulée aux pieds des hommes & des animaux. C'est dans les voyages enfin que l'on s'instruit, & que l'on acquiert de l'honneur, des richesses & de la vertu.

Nevazendeh n'étoit nullement touché de la passion qui avoit obligé Bazendeh de lui tenir ce langage : Cher & inseparable Bazendeh, reprit-il, à vous entendre parler, vous n'avez pas éprouvé les peines que l'on souffre dans les voyages, ni les fatigues qu'il faut essuyer dans les pays étrangers. Vous n'avez pas aussi connoissance de la maxime trés-veritable, qui dit, que les voyages ne sont qu'afflictions & chagrins inévitables, & d'un autre qui porte que la séparation d'avec ce que l'on aime, ( je suppose que vous m'aimez, ) cause un embaras dans le cœur qui ôte tout le repos. Le beau plaisir de se trouver à la fin de chaque journée, sur le bord d'un chemin, saisi de crainte & de frayeur!

Je ne nie pas, repartit Bazendeh, que l'on ne souffre en voïageant; il y a de la fatigue, j'en tombe d'accord. Mais la récompense en est assez grande, par le plaisir que l'on a de passer de province en province, & de voir tous les jours quelque chose de nouveau, & d'extraordinaire. On en a l'ame satisfaite, & l'esprit content. On se fait à la fatigue, & pendant que l'on est occupé des choses que l'on remarque, on est peu touché de ce que l'on souffre.

A la bonne heure, reprit Nevazendeh, voyagez par le monde, voyez-en toutes les beautez; mais que ce soit en la compagnie de vos amis. Que l'on puisse voir avec plaisir, les plus beaux objets du monde, lorsqu'on est éloigné de ses amis intimes, & de ses parens, c'est absolument ce qui ne peut pas être. C'est aussi ce qui a fait dire que la séparation d'avec les amis, est une image de l'enfer. Mais, l'on peut encore dire avec plus de verité, que l'enfer est l'image de tout ce que l'on souffre dans une absence. Ainsi, puisque par la grace de Dieu, vous avez dequoi vivre largement, & une demeure commode, contentez-vous de votre bonheur : ne vous abandonnez pas si facilement à une passion mal reglée, qui vous entraîne, & demeurez dans l'état où vous êtes.

La pensée de notre séparation, repliqua Bazendeh, ne doit pas si fort vous alarmer. L'on trouve des amis autant que l'on veut, & l'on n'en a pas si-tôt perdu un, qu'il est aisé d'en retrouver un autre. Vous avez sans doute entendu ce qu'un Poëte dit là dessus, en ce sens: Ne vous attachez pas trop à aucun ami ni à aucun pays; les hommes sont en si grand nombre qu'il n'en manque pas, & la terre & la mer sont d'une vaste étendue. Si ce raisonnement ne vous satisfait pas, prenez la chose d'un autre sens, & considerez que l'absence n'est pas fâcheuse à un point, qu'elle n'ait encore ses douceurs; & que les plaisirs de l'amitié, & même de l'amour, les plus satisfaisans, ne sont pas tous renfermez dans la possession de ce que l'on aime.

A ce discours, Nevazendeh s'écria, ah Bazendeh! vous

trouverez des amis en voyageant, je l'avoue, mais ce seront des amis passagers, & ils ne seront amis qu'autant de temps que vous serez ensemble. Je vois bien pourquoi vous vous obstinez si fort, à vouloir voyager sur quelque apparence de plaisir & de satisfaction, que vous entrevoyez; c'est que vous n'avez pas encore goûté l'amertume de la séparation d'avec un veritable ami. Je ne puis m'empêcher de vous répeter, que rien au monde n'est plus fâcheux que d'abandonner son pays & ses amis, & sans parler de la difficulté des chemins, que l'on s'expose à mille accidens, & à mille dangers. Ne partez donc pas, demeurez si vous me croyez. Vous vous repentirez infailliblement si vous partez,

& il ne sera plus temps de vous repentir.

Cela passe votre connoissance, interrompit Bazendeh, cessez de me parler davantage des peines & des fatigues que l'on souffre dans les voyages. Il faut les avoir essuyées, pour sçavoir ce que c'est que de vivre, & pour acquerir un esprit mûr. Ne sçavez-vous pas, que la viande crue, ne se cuit qu'à force d'être tournée & retournée devant le feu ?

Je vois bien, dit encore Nevazendeh, que vous êtes résolu de vous éloigner de moi, & que la considération d'une amitié aussi ancienne que la nôtre, n'est pas capable de vous arrêter. Vous devriez cependant écouter le conseil d'un sage, qui dit qu'il ne faut jamais se détacher d'un vieil ami, pour se donner au premier venu, dont on ne se trouve jamais bien. Mais, vous voulez voir d'autres pays, pour suivre la maxime pernicieuse de ceux qui se flattent, & disent que chaque nouveauté a sa douceur & son plaisir particulier. Puisqu'il n'est donc pas possible que les conseils que je vous donne avec tant de chaleur, échauffent la froideur de votre cœur insensible, il est inutile de vous parler davantage. Souvenez-vous seulement de ce que je vous prédis, que la fin de votre voyage ne sera pas heureuse, que vous vous repentirez de l'avoir entrepris; & ce qui m'afflige le plus, que votre repentir sera accompagné de chagrins & de mortifications trés-sensibles.

La contestation finit en cet endroit; les deux pigeons s'embrasserent & verserent des larmes en se disant adieu, & Bazendeh se separa & partit. En ce moment, Nevazend h les yeux baignez de larmes, ne put s'empêcher de dire: Mon ami s'éloigne de moi, en me donnant le coup de la mort ; tout le monde redoute la nuit de la mort, & moi j'abhorre le jour d'un départ.

Bazendeh qui n'étoit pas encore assez éloigné pour ne pas entendre ces paroles, n'en fut pas plus touché que des conseils qu'il n'avoit pas voulu écouter. Il prit son vol, & s'éloigna en s'élevant dans l'air. Il vola long-temps par d'agreables campagnes qui le divertirent; & vers la fin du jour, il alla se poser dans un un jardin qui étoit à l'abri d'une haute montagne dont la verdure, les eaux & l'émail d'une grande varieté de fleurs, faisoient un spectale admirable. Cela lui plut extrêmement, & il admira le tout dans le détail avec beaucoup de satisfaction. Aprés que le Soleil fut couché, lorsque les ténebres commencerent d'obscurcir l'horison, il se posa sur un des plus beaux arbres du jardin, qui sembloit être une greffe du Toba (a) du Paradis terrestre, dans l'intention d'y passer la nuit tranquillement. Mais il eut à peine le temps de se remettre de la fatigue du chemin qu'il venoit de faire, qu'un vent impétueux couvrit tout à coup de nuages épais, l'air qui étoit

(a) Arbre que les Mahometans placent dans leur Paradis.

auparavant fort ferain. Les éclairs & le tonnere qui fuivirent, interrompirent le repos dont l'univers commençoit de jouir, & Bazendeb effrayé du bruit, & de voir l'air tout en feu, fut encore affailli d'une groffe grefle ; de forte que loin de dormir, il étoit fort embaraffé de fa contenance, pour fe garantir du danger où il étoit. Il changeoit de place à chaque moment, pour fe faire un abri des branches ou des feuilles contre la grefle & la pluye. Cela ne lui fervoit prefque de rien, & l'orage augmentoit toujours avec un vent vehement, & une pluye fi forte, qu'elle fembloit menacer d'un fecond déluge. Il effuya tout ce mauvais temps qui continua jufques au matin. Au plus fort d'un temps fi fâcheux, il rappella son nid en sa memoire, & il regretta la compagnie de son ami Nevazendeh. Ah ! disoit-il avec de profonds soupirs, si j'avois cru devoir tant souffrir en me séparant d'avec vous, jamais je ne m'en serois éloigné d'un seul moment.

La nuit disparut enfin, & dés qu'il fut jour, Bazendeh reprit son vol, mais il étoit incertain s'il retourneroit à sa demeure, ou s'il poursuivroit son voyage. Il ne s'étoit pas encore déterminé, lorsqu'il apperçut un faucon, qui en cherchant sa proye, avoit déja jetté l'œil sur lui, & fendoit l'air d'une vîtesse & d'une force incroyable pour le saisir entre ses griffes, dont il étoit aussi sûr que si elles eussent été de fer.

A cet objet, il seroit difficile d'exprimer de quelle frayeur Bazendeh fut frappé. Il ne sçavoit plus où il en étoit; toute grande qu'étoit alors la lumiere du jour, ses yeux ne voyoient que des tenebres, & il lui sembloit que le monde étoit une prison pour lui: Les forces lui manquoient enfin, & il trembloit comme la feuille, tant il craignoit de perdre la vie. En effet, parmi les foibles oiseaux, c'est un terrible embarras, que d'estre poursuivi par un faucon. En ces momens si pressans, il se souvint encore des sages conseils de Nevazendeh; mais avec la mortification la plus sensible que l'on puisse s'imaginer, & cela le jetta dans un abbattement à demeurer immobile, & à ne rien faire pour se sauver. Il fit néanmoins un effort, avec des vœux & une promesse solemnelle, s'il pouvoit sortir heureusement du danger qui le menaçoit de ne plus considerer son cher Nevazendeh, que comme un elixir, qui l'auroit retiré de l'aneantissement, & de n'avoir jamais la pensée de voyager une autre fois. Il poussa encore sa protestation plus loin : Il fit serment de ne jamais prononcer le mot de voyage tant qu'il vivroit, & de ne faire jamais le moindre pas pour s'éloigner de son nid, s'il pouvoit une fois y arriver. Et cette résolution parut avoir contribué quelque chose pour le tirer d'un pas si dangereux.

Comme l'heure fatale de Bazendeh n'étoit pas encore venuë, selon le mot qui porte que Dieu dispose les causes des choses qu'il veut être executées; dans le temps que le faucon le poursuivoit, une aigle cherchoit du haut de l'air une proïe qui lui fût convenable. & elle apperçut ce qui se passoit entre lui & le pigeon : Chose étrange, dit-il en lui-même ! Peut-on voir rien de pareil ? J'ai soif, comme dit le Proverbe ; & au lieu d'une eau salutaire, je trouve devant moi une eau empoisonnée. Il est vrai qu'un pigeon est un morceau méprisable, & de trop peu de consequence pour moi ; dans la faim neanmoins qui me dévore, c'est dequoi l'appaiser & me consoler en attendant une meilleure avanture dans quelques heures. En même temps l'aigle fondit en terre, pour prévenir le faucon, & lui enlever le pigeon de devant le bec. Comme le faucon, qui ne manquoit ni de courage ni de forces, vit qu'il ne pouvoit éviter de ceder à l'aigle, il ne se soucia pas de perdre sa proïe, pourvû qu'elle n'en eût pas plus que lui ; & pour l'en empêcher, il alla l'attaquer. Alors il s'éleva une guerre cruelle entre les deux oiseaux à coups de bec & de griffes. Bazendeh les laissa aux prises : il ne manqua pas l'occasion de se sauver. Il s'échapa, & alla se fourrer sous des pierres dans un trou si étroit, qu'un nid de moineau est d'une lieuë d'étenduë à le comparer avec ce trou, & il y demeura tout le reste du jour & la nuit, avec bien de la peine & de la douleur.

Le lendemain dés que le soleil parut, quoique Bazendeh fût

extrêmement foible d'avoir été si longtemps sans manger, il se fit violence neanmoins, & prit son vol le mieux qu'il put, aprés avoir regardé à droit & à gauche, & examiné s'il n'avoit rien à craindre. En volant, il vit à l'entrée d'un petit bois un autre pigeon avec du grain devant lui en abondance ; & à cet objet comme la faim le pressoit, il alla droit au grain, & se jetta dessus avec d'autant plus de confiance qu'il voyoit auprés un pigeon comme lui, avec lequel il étoit bien aise de faire amitié en passant. Il eut à peine avalé un grain ou deux, qu'il se sentit le corps embarrassé dans des filets. Il se lamenta, & en se plaignant au pigeon de sa mauvaise foi, il lui dit : Mon frere, j'ai veu que vous étiez de même espece

espece que moi ; & sçachant que chaque oiseau a de l'inclination pour son semblable, j'étois venu pour faire connoissance, & m'entretenir avec vous. Pourquoi ne m'avez-vous pas averti, & pourquoi avez-vous ainsi manqué envers moi de pratiquer le droit d'hospitalité ? Je me fusse gardé de ce danger, & j'eusse continué ma route, jusqu'où je devois aller.

Cher hôte, répondit le pigeon, l'on ne peut éviter ce qui doit arriver. Quelque tête que ce soit, il n'y a pas de conseil qui puisse détourner la fleche du destin qui doit tomber sur elle. N'avez-vous jamais entendu dire, que les plus clairvoyans & les plus spirituels sont aveuglez & étourdis à la présence du destin, & lorsque l'on en sent l'effet, qu'il n'y a pas d'autre remede, que de se résigner, & de se soumettre à la volonté de Dieu ? Quand une fois le destin a passé en commandement au conseil éternel, & qu'il a été couché sur le registre de la toute-puissance, sçachez que vous, & les oiseaux les plus fameux, descendent des branches où ils sont posez, pour venir se laisser prendre dans les filets. Ainsi, puisqu'il étoit résolu de toute éternité, que vous fussiez pris, il n'y a pas d'autre remede que de souffrir votre mal sans murmurer. Vous sçavez ce que l'on dit là-dessus, que le petit oiseau pris dans les filets, doit prendre patience

Il ne s'agit pas de faire parade de votre éloquence, ni de votre mémoire, repartit Bazendeh; dites-moi seulement si vous pouvez m'enseigner un moyen pour me tirer d'ici, je vous en aurai obligation, & vous en trouverez la récompense que vous aurez meritée.

Bon pigeon que vous êtes, reprit l'autre pigeon; si je sçavois ce que vous mé demandez, & s'il m'étoit possible de contribuer à délivrer quelqu'un, je n'aurois pas le pied lié, comme vous le voyez, je me servirois du moyen pour moi-même. Vous devez juger que je ne ferois pas en l'état où je suis, si cela étoit, & que je ne ferois pas occupé, comme je le suis, à gueter les caravanes des oiseaux. De la maniere dont vous me parlez, vous ressemblez assez au jeune chameau, qui fatigué de marcher dans un long voyage, disoit à sa mere en pleurant: Mere sans amour, arrêtez-vous un peu; jusques à quand voulez-vous donc marcher? Où est la compassion de mere pour un fils? Ce pauvre petit chameau à qui vous avez donné la vie, n'a plus de forces, il va perir par votre faute. Fils étourdi & dépourvu de bon sens, répondit la mere; ne vois-tu pas que ce que tu demandes, ne dépend pas de moi, & n'est pas en mon pouvoir? Ne jetterois-je point par terre le fardeau dont je suis chargée, & ne me délivrerois-je pas de la fatigue de marcher sur les épines, sans attendre un moment, si j'étois libre de le faire. Plût à Dieu que cela fût! jamais on ne me verroit dans les caravanes, liée à la queue d'un autre chameau.

Bazendeh au desespoir de se voir pris, se mit à battre des pieds & des aîles, pour essayer s'il ne pourroit pas s'envoler. Par bonheur les filets vieux & pourris se rompirent par les efforts qu'il fit, & il se mit en liberté. Il prit aussi-tôt la route de son pays natal, & satisfait d'avoir la vie sauve, il ne songea plus à la faim: Il passa prés d'un village, & pour se délasser un peu, il se posa sur un mur prés d'un champ nouvellement semé. Un jeune paysan qui gardoit ce champ, & qui se promenoit à l'entour, le regarda d'un œil d'envie, & se remplit dés-lors le gosier de la fumée d'un pigeon rôti. Muni d'une arbalestre qu'il avoit à la main, il comptoit comme s'il l'eût eu déja à sa disposition, il tira dessus, & lui lâcha une bale; mais il ne le frapa que dans l'aîle. Bazendeh qui ne s'attendoit à rien moins qu'à cet accident, fut tellement étourdi du coup, qu'il tomba du mur la tête en bas dans un puits où il n'y avoit point d'eau, pour son bonheur; le puits étoit obscur & extrêmement profond, & le jeune paysan qui le sçavoit, ne songea pas à l'en retirer, il y eût perdu sa peine.

Bazendeh resta là en ce pitoyable état le reste du jour & la nuit qui suivit toute entiere. Lorsqu'il fut revenu à lui, comme s'il eût parlé à Nevazendeh qu'il avoit dans l'imagination depuis ses premieres souffrances: l'heureux temps, dit il, que j'étois continuellement prés de vous, & que je ne jettois mes regards sur aucun autre objet ? Rien alors n'égaloit mon bonheur, & je passois mes jours le plus agreablement du monde. Le jour suivant comme il se sentit assez bien remis de sa douleur & de son étourdissement, il gagna le haut du puits avec assez de peine ; & de-là, nonobstant sa foiblesse, il prit son vol & arriva à son nid vers le midi.

Nevazendeh connut au battement des aîles, que c'étoit Bazendeh qui arrivoit, il sortit au-devant, & en l'abordant : Je ne puis, dit-il, vous exprimer la joye que j'ai de vous revoir. Ils se firent plusieurs complimens de part & d'autre ; mais quand Nevazendeh eut vû combien Bazendeh étoit changé : Cher ami, cher compagnon de mes jours, lui demanda-t-il, que veut dire cette foiblesse ? d'où vient que vous laissez les aîles, que vous êtes si changé, & que je ne reconnois plus cet air de santé que vous aviez, quand vous partîtes ?

Cher Nevazendeh, répondit Bazendeh, je vous conjure au nom de Dieu, si vous m'aimez encore, de ne me pas faire des demandes sur le mauvais état où je suis. Ne m'interrogez pas sur mes douleurs ni sur les soupirs cuisans dont j'ai accompagné mes gémissemens dans le peu de temps de mon absence. Il me seroit impossible de vous expliquer en détail, même la moindre partie de ce que j'ai souffert depuis que je me suis éloigné de votre présence. Il me faudroit trop de temps pour vous raconter & vous exprimer la grandeur de mes maux avec toutes leurs circonstances. Pour vous dire la chose en peu de mots, j'avois entendu dire que les voyageurs rapportoient de belles experiences de leurs voyages. De celle que je viens de faire, je conclus que jamais tant que je vivrai, l'envie de voyager ne me tentera; que je ne sortirai point de mon nid, à moins qu'un malheureux destin ne m'y contraigne, & que de mon bon gré je ne changerai pas le plaisir de voir un ami comme vous, pour le déplaisir & le chagrin d'une fâcheuse absence. Non, je ne m'aviserai point de m'éloigner de vous d'un seul pas. Je sçai trop bien présentement ce que l'on souffre en ne voyant pas ce que l'on aime.

Si votre Majesté, ajouta le grand Vizir en achevant, a entendu le récit de cette fable avec attention, il n'est pas nécessaire de lui faire un plus long discours, celui-ci doit lui faire comprendre qu'elle fera bien de renoncer au dessein qu'elle a de se priver de son repos pour voyager, & de ne pas mettre ses Etats dans un deuil universel, par une absence volontaire. Je la supplie de faire réflexion sur les paroles d'un Poëte touchant les voyages : Je baigne, dit-il, de mes larmes, les lieux où je me trouve en mon absence, toutes les fois que je pense à ce que j'aime, & au pays de ma naissance.

Dabchelim prit la parole après le grand Vizir : Je tombe d'accord, dit-il, que l'on souffre

& Fables Indiennes. 107
dans les voyages, mais il faut aussi que vous m'avouiez que l'on en tire de grandes utilitez. L'on a beaucoup de choses à dire contre le vin; mais l'on peut apporter bien des choses favorables pour son apologie. Qui voyage, profite & s'instruit par les difficultez qu'il rencontre, & qu'il a à essuyer. Il fait une infinité d'experiences du bien & du mal, qui lui servent d'enseignemens pour le reste de ses jours. Quoique l'on puisse dire, il est constant qu'au travers des peines du voyage, l'on acquiert plusieurs sortes de perfections. Ne voyez-vous pas au jeu des échets, qu'un pion devient dame en avançant de case en case, à force de surmonter les difficultez qu'il rencontre en son chemin. De même aussi, la Lune

qui fait sa course avec tant de legereté, en parcourant les signes du Zodiaque, de croissant devient pleine, à force de faire chemin pendant quatorze jours & quatorze nuits. Cette pensée a fait dire à un Poëte, qu'à l'imitation de la Lune, un Monarque ne pouvoit faire des conquêtes, qu'en voyageant par le monde. Ajoutez à cela, que ceux qui se réduisent à une vie sedentaire, & qui se font une loi de ne pas s'éloigner d'un pas du lieu qu'ils ont choisi pour leur repos, sont privez de la vûe de toutes les choses singulieres qui se remarquent en chaque pays, & de la frequentation des personnes illustres & distinguées dans l'Univers, de même que de la connoissance de mille choses, qu'il est impossible d'acquerir que par cette voye. Le faucon est logé dans le Palais des Sultans, parce qu'il ne peut demeurer renfermé dans son nid au haut d'un rocher, pendant que les hibous vils & méprisez, se cachent dans les vieilles mazures, d'où ils ne sortent que pour être importuns par leur ramage lugubre.

Un Scheikh, grand homme de bien, exhortoit ses disciples à voyager, & il leur disoit qu'un voyageur est bien reçu, & qu'on le voit par tout avec plaisir; parce que ceux qui ne voyagent pas, soit par inclination, soit à cause de leur emploi ou de leur profession qui les en empêche, aiment generalement les étrangers, & se plaisent dans leur entretien. Pour les y exciter davantage, il ajoûtoit que rien n'étoit plus net & plus pur que l'eau, mais qu'elle devenoit trouble & puante quand elle croupissoit. Si un certain faucon qui avoit été élevé avec de petits vautours, fût toujours demeuré avec eux dans leur nid, & qu'il n'eût pas voyagé en volant par les campagnes, jamais il ne seroit parvenu au bonheur de baiser la main d'un Sultan.

En cet endroit le grand Vizir prit la liberté d'interrompre Dabchelim, le supplia respectueusement, de vouloir bien les honorer son collegue & lui, du récit de cette fable, & il voulut bien avoir cette complaisance, en reprenant la parole en ces termes.

# LE VAUTOUR
## ET
# LE JEUNE FAUCON.

*FABLE.*

DEUX faucons mâle & femelle, dit-il, qui avoient lié une amitié & une amour si forte, qu'ils ne se séparoient ni jour ni nuit, avoient posé leur nid à la pointe d'un rocher d'une hauteur prodigieuse & trésescarpée, comme dans un endroit de sureté & hors d'insulte. Là, ils passoient la vie, l'esprit libre & content, avec toute la satisfaction qu'ils pouvoient souhaiter, & ils profitoient du bonheur qu'ils avoient d'être dans une union parfaite. En effet, ils sçavoient que le veritable bonheur ne consistoit que dans cette union, qui produisoit la tranquillité dont ils jouissoient, & que hors de cet état, le monde n'avoit que des amertumes.

Au bout d'un temps le ciel les favorisa d'un petit faucon, & comme les enfans sont l'objet des soins des peres & des meres, la tendresse qu'ils avoient pour lui, faisoit qu'ils alloient tous les jours lui chercher dequoi vivre, & lui mettoient dans le bec avec beaucoup d'affection, ce qu'ils apportoient ; & par ce moyen, le petit faucon prit des forces & de la vigueur en peu de temps. Un jour les deux faucons le laisserent seul, & selon leur coutume ils allerent chacun de son côté à la quête de sa nourriture,

& Fables Indiennes. 113
nourriture, & demeurerent dehors plus longtemps qu'à l'ordinaire. Le petit faucon cependant tourmenté par la faim, commença à se démener & à se tourner si fort, de tous les côtez du nid, qu'il se trouva sur le bord, & tomba. Voici quel fut son bonheur.

Un Vautour qui cherchoit de la nourriture pour ses petits, étoit alors par le travers de cette montagne, il vit tomber ce petit faucon, & crut d'abord que c'étoit une souris qu'un autre vautour avoit lâchée dans l'air, il vola à lui promptement, le reçut dans son bec, avant qu'il fût tombé sur les rochers & l'emporta à son nid. Quand il l'eut posé au milieu de ses petits, il le considera, & connut à ses griffes & à son bec, qu'il étoit
K

de la race des oiseaux carnaſſiers. Il conçut auſſi-tôt de l'amitié & une forte inclination pour lui, par la conſideration qu'il étoit de même genre d'oiſeaux que lui, & il lui en donna des marques, comme s'il eût été ſon propre pere. Il diſoit en lui-même en le regardant avec attention: La grace toute particuliere, & en même temps la ſageſſe de Dieu ſont admirables, d'avoir voulu que je fuſſe la cauſe que ce petit oiſeau eſt encore envie. Si je ne me fuſſe trouvé en cet endroit là, le petit miſérable tomboit ſur les rochers, où il ſe fût rompu & briſé les os. Puiſque le decret de Dieu l'a conſervé par mon miniſtere, la raiſon & la charité veulent que je le nourriſſe & que je l'éleve avec mes petits, & même

*& Fables Indiennes.* 115

que je l'adopte, & que je fasse pour lui la même chose que je suis obligé de faire pour eux. Cette résolution prise, le vautour eut soin du petit faucon, avec la même affection & avec la même tendresse que pour ses petits vautours, & il ne faisoit rien pour eux qu'il ne fît aussi pour lui.

Le petit faucon devint gros & grand, ses aîles, son bec & ses griffes, prirent la figure & la consistance qu'ils devoient avoir, & comme il prenoit des forces de jour en jour, il commença de suivre son instinct, & de vouloir sortir du nid pour voler. Il n'hesitoit pas dans la croyance où il étoit, d'être fils du vautour. Quand il faisoit reflexion neanmoins sur ce qu'il sentoit de vif en lui, & qu'il consideroit que sa conformation & ses manieres étoient differentes des autres petits, cela le jettoit dans une profonde rêverie, & lui donnoit sujet de s'étonner. Il disoit même quelquefois en lui-même : Si je suis étranger, par quelle avanture ai je été apporté en ce nid ? Si je suis de la famille, comment suis je d'une autre figure que mes freres ? D'un côté il semble qu'il n'y a point de difference entre nous, d'un autre, il paroît que je ne suis pas de leur espece. Dans l'incertitude de ce que je suis, & de ce que je ne suis pas, je ne laisserai pas d'être joyeux, & de passer le temps agreablement.

Nonobstant cette résolution, le jeune faucon avoit toujours quelque chose de sombre, le vautour s'en apperçut : Mon fils, lui dit-il un jour, je vous vois toujours triste & rêveur, quel sujet pouvez-vous avoir d'être en cet état? Si cela vient d'une indisposition, & si vous avez besoin de quelque chose, vous n'avez qu'à parler & nous le dire, nous n'oublirons rien pour vous procurer la santé. Si ce n'est pas cela, & que ce soit quelque chose que vous ayez dans l'esprit, déclarez-nous ce que c'est, nous ferons ce que nous pourrons pour y satisfaire.

J'apperçois aussi en moi des marques de tristesse, répondit le jeune faucon; mais je vous assure que moi-même je n'en sçai pas la cause; & quand je la sçaurois, je me garderois de vous en rien dire, pour ne vous pas donner de chagrin. Je vous avouerai cependant que je ne suis pas maître d'empêcher que ce que je sens ne paroisse à l'exterieur. Autant qu'il me le semble, ce qui contribueroit à dissiper cette mélancholie, ce seroit d'obtenir de vous la permission de voler quelque temps, & de voir un peu le monde ; peut-être que cet exercice contribueroit à bannir le chagrin, que j'ai dans le cœur. Oui, si vous me faites cette faveur, j'espere en voyant tant de belles choses que je n'ai jamais vûes, & tant de pays & de campagnes, que la joye prendra en moi la place de la tristesse, dont vous vous êtes apperçu.

A ces paroles, qui marquoient que le petit faucon cherchoit à se séparer, le vautour qui avoit trop de tendresse pour y consentir facilement, repartit en sou-

& Fables Indiennes. 119
pirant : Ah ! ce discours de séparation que vous me tenez est bien amer. Vous ferez telle autre chose que vous voudrez ; mais, au nom de Dieu, ne parlez pas de vous éloigner. Mon cher fils, quelle pensée vous est venue de vous absenter ? Se pourroit-il que vous vous seriez mis dans l'imagination celle de voïager ? Je ne puis mieux vous exprimer combien le voyage est affreux, qu'en vous disant que c'est une mer qui engloutit tout, & un serpent qui dévore tout. On ne voyage pas que l'on ne s'expose à mille dangers & à mille fatigues, & jamais l'on ne doit s'y engager, que l'on ne soit réduit à chercher sa vie, ou que l'on ne soit dans la necessité d'abandonner sa patrie. Dieu merci, vous n'êtes pas en ces

extremitez : Vous vivez sans soin de maison, sans soin de nourriture, & vous êtes celui de mes fils que je considere le plus. Vous êtes le premier de tous, & je les ai si bien élevez qu'ils sont entierement sous votre dépendance, & prêts d'obéïr à vos ordres. Puisque rien ne vous manque, que vous avez tout en abondance, & que vous n'avez qu'à vivre joyeux & content ; quittez ce dessein de voyager, je vous en conjure. Le bon sens ne veut pas que l'on abandonne sa patrie, ses parens & ses amis, lorsque l'on a toutes les commoditez que vous avez. Qui se porte bien, qui a dequoi vivre & un lieu de retraite, ne se met au service de personne, ni ne voyage.

Le conseil que vous me donnez,

nez, reprit le petit faucon, part de l'affection paternelle, & de la tendresse que vous avez pour moi ; mais, tout bien examiné, je ne trouve pas que ce lieu, ni la nourriture que je prens, conviennent à ma santé ; & pour vous dire la verité, je ne puis m'y accoûtumer.

A ce langage & à cette sincerité du faucon, le vautour reconnut la verité du Proverbe, qui dit que chaque chose retourne à son origine & à sa source ; & il se souvint en même temps de certain vers qui disent Mettez sous le paon du Paradis terrestre, l'œuf d'un corbeau, de qui la nourriture ne peut se changer ; nourrissez le paon de figues de ce jardin délicieux, & ne lui donnez à boire que de l'eau de la fontaine de vie : avec cela, que l'Ange Gabriel échauffe l'œuf de son haleine; à la fin de ces soins & de toutes ces précautions, l'œuf de corbeau ne produira qu'un corbeau, & le paon du Paradis terrestre aura perdu sa peine & son temps. Ainsi, comme il vit que tout ce qu'il venoit de dire n'avoit pû le persuader, il tâcha d'y réussir par un autre endroit, & continua de lui parler, en disant:

Ce que je vous ai dit cy-devant, tendoit à vous obliger de vous contenir dans les bornes de la sobrieté, dans laquelle je vous ai élevé jusques à présent. Mais ce que vous venez de me dire, me fait connoître que c'est l'intemperance qui vous gouverne. Sçachez, mon fils, que cette avidité a été la perte de mille

& mille oiseaux les plus distinguez, qu'elle a fait descendre du haut de l'air, pour se laisser prendre le pied dans des entraves. Il y a longtemps que les Sages ont dit que l'avide n'obtient jamais l'objet de son avidité. Croyez-moi, ceux qui ne vivent pas dans la sobrieté, n'ont jamais de repos; & ceux qui ne connoissent pas le prix de cette vertu, ne réussissent en aucune chose. Peut-on imaginer un tresor plus riche, que celui de cette vertu, lorsque l'on en sçait faire bon usage? Le sage peut-il souhaiter une demeure plus commode, que celle où il s'est dépouillé du soin de toutes les affaires du monde? Vous n'êtes pas reconnoissant envers Dieu des avantages dont vous jouissez, & vous ne comprenez pas l'importance de n'avoir pas d'embarras dans la vie. Je crains fort que vous ne tombiez dans le même malheur qu'un certain chat avide & gourmand. Le faucon demanda quel étoit ce malheur, & comment il étoit arrivé au chat, à quoi le vautour satisfit par le récit de la Fable suivante.

## LA VIEILLE
### ET
## LE CHAT MAIGRE.

*FABLE.*

UNe vieille, dit-il, plus maigre & plus desséchée qu'une épine seche, demeuroit dans une cahute aussi peu solide qu'une toile d'araignée, plus étroite que la main d'un avare, & plus obscure que l'esprit d'un ignorant. Elle n'avoit qu'un chat pour toute compagnie. Ce chat ne vivoit que de méchant brouet que la vieille lui donnoit, & jamais il n'avoit vû image ou figure de pain, pas même en idée, ni entendu prononcer à étranger ou ami, le nom de quelque viande que ce fût. Tout son plaisir & toutes ses délices se terminoient à s'approcher de l'entrée du trou d'une souris; & à se repaître de l'odeur qui lui en venoit au cerveau, ou à contempler les traces des pattes de souris sur la poussiere; & lorsque cela lui arrivoit, il étoit aussi content & aussi éveillé qu'un pauvre qui a trouvé une maille.

Mais lorsque le bonheur vouloit qu'il attrapât une souris, & qu'il la tînt entre ses pattes, il étoit dans une joye aussi inexprimable que celle d'un gueux qui a trouvé de l'or. Cette joye duroit des mois entiers, & le chagrin étoit banni de sa tête à cent journées de distance. Il étoit même du temps sans manger aprés un repas de cette importance, & il tenoit cela pour une faveur trés-singuliere qui lui venoit d'en haut. Qu'est-ce ceci, disoit-il, que vois-je? Ciel! Est-ce veille ou songe, d'être si à mon aise après tant de misere. Comme cela lui arrivoit neanmoins trés-rarement, & que la maison de la vieille étoit pour lui un lieu de famine, de peine & d'affliction, à la fin il se trouva si attenué, qu'il pouvoit à peine se soutenir.

& Fables Indiennes. 127

Un jour qu'il étoit si foible qu'il n'en pouvoit plus, il grimpa sur le toît avec beaucoup de peine; & là en regardant de côté & d'autre, il apperçut un autre chat, dont la vûe le surprit; c'étoit un chat bien nourri, qui avoit le port d'un lion, l'embonpoint d'un leopard, l'œil vif & brillant comme l'œil de chat des Indes, le poil fin comme de la soye, aussi beau & aussi luisant que la marthe zibeline. Avec cela, il jettoit les yeux fierement de-çà & de-là, & son miaulement approchoit du rugissement d'un lion. Il marchoit aussi avec gravité & à pas comptez, tant il étoit gros & chargé de graisse.

Quand le chat de la vieille vit un autre chat de son espece, si puissant & si gaillard: Vrayement, lui dit-il, à vous voir marcher si majestueusement, & à cet air de santé, il ne faut pas demander d'où vous venez. Vous êtes de ceux qui mangent à la table d'Abouherireh, où vous venez de la salle des festins du Khan de la Chine. D'où vient cet air de grandeur? Quelle est la cause de l'embonpoint & de la force qui paroissent en vous? Ne dédaignez pas la demande que je vous fais; je vous conjure de me dire qui vous nourrit si bien.

Le chat voisin répondit d'un air de satisfaction, je mange les restes de la table du Sultan. Je me trouve chaque matin à la porte de son palais, avec la même exactitude que si j'en étois portier; & lorsque la salle où l'on mange, est remplie de plats que l'on a desservis, je me jette dessus hardiment, & je prends quelque bon morceau de viande bien grasse, ou de pain qui vaut du gâteau, & j'ai dequoi faire bonne chere pour ce jour-là, & & pour la nuit suivante. Voilà de quelle maniere je passe la vie.

Dites-moi, je vous prie, lui demanda le chat de la vieille, qu'est-ce que de la viande grasse dont vous venez de parler, & qu'entendez-vous par ce pain, qui vaut du gâteau? Jamais je n'ai entendu parler de ces ragoûts, & je n'ai mangé de ma vie, que de la soupe d'une bonne vieille & de la chair de souris, mais rarement. Le chat voisin surpris de cette simplicité, le regarda avec étonnement, & lui dit en raillant: c'est de-là que tu es si leger, & que tu as la taille si racourcie avec un ventre de toile d'araignée. Misérable que tu es, comme te voilà fait ! Tu couvre de confusion & d'une infamie éternelle, tout ce que nous sommes de chats, par le bel état où te voilà. Tu n'as que les oreilles & la respiration de chat. Dans tout le reste, tu n'es proprement qu'une toile d'araignée. Si tu fréquentois le Palais du Sultan, & si tu y remplissois tes entrailles de morceaux friands & de viandes exquises, peut-être qu'avec une nouvelle vie tu trouverois l'embonpoint que tu n'as pas.

A cette réprimande outrageante, l'avidité & la gourmandise firent un étrange ravage & un terrible remuement dans les entrailles du chat de la vieille, & ce fut ce qui lui fit dire au chat voisin d'une maniere suppliante : Mon frere, vous êtes mon voisin, & de même espece que moi, & vous sçavez qu'entre les animaux, les chats observent religieusement les loix de l'amitié entre eux. La premiere fois que vous irez au Palais du Sultan, qui vous empêche de faire paroître vôtre generosité, d'user du devoir d'un frere envers un frere, & de vouloir bien que ce miserable qui vous en supplie, ait l'avantage de vous servir de compagnie. Peut-être que par vôtre appui & vôtre autorité, ce corps ruiné & défait se remettra, & deviendra tout autre. Le chat voisin se laissa toucher de compassion à ses prieres, & il lui promit qu'il viendroit le prendre le lendemain pour le mener au festin, aprés quoi ils se séparerent.

Le chat maigre descendit du toît remplit de joye & d'esperance, & fit le récit de son avanture à la bonne vieille. Comme elle l'aimoit & le conservoit depuis longtemps, elle tâcha de le détourner de son dessein, de crainte de le perdre. Cher camarade, lui dit-elle, prens garde, ne te laisse pas tromper par les ruses des gens du monde, & ne change pas pour tous les autres biens, la provision de sobrieté dont tu jouis avec moi. L'avidité présente d'abord un beau dehors, mais ce n'est que de la poussiere & de la pourriture au dedans, de même que dans les tombeaux ; & toutes les belles esperances qu'elle donne finissent plûtôt par la mort, que par la possession de ce que l'on attend d'elle. Ainsi, puisque cette trompeuse conduit à l'infini, le plus sûr est de se fixer. Ceux qui ne se fixent pas, ne sont jamais riches, quand même ils auroient toutes les richesses de Caroun (a). Elle lui dit encore plusieurs autres choses pour lui représenter le danger auquel il s'exposoit. Mais, le chat mal-avisé, étoit tellement enchanté & rempli du desir de goûter du festin du Sultan, qu'il n'étoit plus capable d'en recevoir, ou d'écouter aucun avis. Il étoit de lui, de même que des amans, auprés de qui les conseils sont comme du vent que l'on voudroit renfermer dans une cage, ou comme de l'eau dont on en-

―――――

(a) Caroun, selon les Mahometans, vivoit du tems de Moïse, & possedoit des richesses immenses.

treprendroit de remplir un crible.

En un mot, le lendemain, au temps & à l'heure prescrite, le chat de la vieille n'alla pas, (il n'en avoit pas la force) mais il se traîna au Palais du Sultan avec le chat voisin. Par malheur pour lui, la maxime qui porte, que le gourmand va où sa passion le conduit, dans le temps qu'il doit être frustré de son attente, se trouva veritable à son égard. En effet, avant qu'il arrivât, son mauvais destin avoit disposé les choses d'une maniere toute contraire à ce qu'il s'étoit promis : car, le jour précedent les chats avoient commis un si grand desordre, que le Sultan en colere avoit ordonné très-expressément, que des archers armez d'arcs & de fleches, se missent en embuscabe, & tiraissent sur tous les chats qui paroîtroient, ou qui prendroient le premier morceau, qui devoit être le dernier de leur vie.

Le chat de la vieille qui ne sçavoit rien de cette ordonnance, enivré de la gourmandise dont il étoit poussé, n'eût pas plûtôt senti l'odeur des viandes, & entendu le son des plats, des bassins & des autres vases de porcelaine, dans lesquels elles étoient servies, qu'il se jetta dessus nonobstant sa foiblesse, avec l'impetuosité d'un éprevier sur sa proye, sans considerer qu'elles étoient préparées pour le Sultan. Mais son heure étoit venue, & ce n'étoit pas pour lui que la marmite avoit bouilli. Il se fut à peine saisi d'un gros morceau, qu'il se sentit frappé d'une fleche. Il le lâcha dans le moment, & s'enfuit à toutes jambes, jusqu'à ce que les forces lui manquerent. Alors, comme il vit ruisseler le sang de ses entrailles: Si, dit-il, je ne meurs pas de ce coup fatal, je me contenterai de souris & de la souppe de ma vieille. Puisque la douceur du miel ne console pas de la piqueure de l'abeille, il vaut mieux manger du raisinet que du miel.

Je vous ai rapporté cette histoire remarquable, ajouta le vautour, afin que vous teniez à grand honneur, d'avoir place dans notre nid, & que vous compreniez quel est l'avantage, que vous avez de trouver dequoi vivre en abondance sans peine & sans soin, que vous vous contentiez de ce que Dieu nous envoye, & que vous n'en cherchiez

chiez pas davantage. Puisque vous êtes si bien ici, ne vous éloignez pas pour voyager. N'abandonnez pas le bonheur que vous possedez, & ne vous précipitez pas vous-même dans le malheur. En un mot, n'étendez pas vos desirs jusqu'au déreglement, & passez-vous de ce que la providence vous donne. Si la fourmi n'avoit cette retenue, & si elle vouloit entrer dans toutes les maisons pour en tirer dequoi remplir ses magazins, elle seroit tous les jours écrasée à l'entrée des portes.

Ce discours pathetique, ne fut pas capable de convaincre le faucon. Il repliqua, & dit encore au vautour : Je vois bien que tous ces conseils sont un effet de la bonne volonté que vous avez pour moi ; mais permettez-moi de vous dire, qu'ils ne font pas conformes à mon genie, qui me porte à des choses grandes & relevées. Et pour vous dire mon sentiment avec liberté, j'ajoûterai qu'il n'y a que les bestes les plus grossieres, qui se contentent simplement de boire & de manger. Qui aspire au bonheur parfait, ne doit avoir pour but que de hautes entreprises, & qui veut porter la couronne parmi les grands Monarques, doit mettre la main à l'œuvre, & faire des efforts dignes de la noblesse de ses idées. Un esprit élevé comme le mien ne se borne pas à des actions de gens qui vivent de ménage. Qui veut habiter dans les logemens les plus apparens, ne s'arrête point parmi le menu peuple, & qui tend à une haute élevation, proportionne ses démarches à son ambition.

Le vautour insista pour combattre le sentiment du faucon : Il est impossible, dit-il, encore qu'une pensée déraisonnable, mal-fondée & singuliere comme la vôtre, puisse avoir son effet, & qu'une passion si démesurée, puisse arriver à la fin. Un ouvrier ne fait rien sans avoir les instrumens necessaires avant de travailler, & l'on ne se propose pas une fin, que l'on n'ait les moyens pour y parvenir : il est donc nuisible de prétendre une place parmi les grands, si auparavant on n'est muni de tous les avantages qui les accompagnent.

Le faucon interrompit le vautour en cet endroit : Est-ce, dit-il, que la force de mes griffes n'est pas capable de m'élever à de grandes dignitez ? & mon bec ne peut-il pas contribuer à me procurer le même avantage? Sans doute que vous n'avez pas connoissance de l'histoire de ce brave, qui arriva au plus haut degré du bonheur, que des oiseaux racontoient l'autre jour prés de ce nid, & que j'écoutai avec plaisir. Je vous en ferai le récit, si vous avez la patience de m'écouter. Comme il vit que le vautour lui donnoit audience, il continua de parler en ces termes.

## LE FILS D'UN ARTISAN.

### CONTE.

UN pauvre artisan qui travailloit à la force de ses bras, & qui avoit beaucoup de peine à gagner dequoi subsister lui & sa famille, eut un fils qui nâquit sous une heureuse étoile ; ce fils donna d'abord une marque de ce qu'il seroit un jour, en ce que du moment de sa naissance, son pere commença de gagner beaucoup plus qu'il ne dépensoit chaque jour, ce qui n'étoit pas arrivé auparavant. Cela fit qu'en attribuant ce bonheur à l'augmentation de sa famille ; il n'oublia rien pour lui donner une bonne éducation. Mais l'inclination du fils se porta d'abord aux armes. Car l'on eut à peine cessé de l'envelopper dans les langes, qu'il avoit continuellement l'arc & les fleches à la main, & cette passion augmenta si fort avec l'âge, que lorsque l'on voulut lui apprendre à écrire, on lui voyoit plûtôt manier la lance ou le sabre, qu'une table ou de la craye pour former ses lettres dessus. Il n'y avoit pas d'exercices guerriers enfin, ausquels ils ne s'appliquât, plûtôt qu'à l'étude.

Lorsqu'il fut dans un âge propre au mariage, son pere le prit en particulier : Mon fils, lui dit-il, pour vous donner une marque du soin que je prens de vous, je veux bien vous avertir de considerer que vous êtes présentement dans un âge mûr, & que l'âge d'enfance est passé, sur tout en ce temps où l'on n'est déterminé à rien, que l'on n'agit que par passion, & que le sang bouillonne dans les veines. Ainsi, avant que le déreglement vous jette dans le précipice de la tentation, & que le démon se serve de la concupiscence pour vous faire égarer dans le chemin de perdition, comme le mariage est un moyen propre pour retirer la jeunesse de la débauche, je veux vous unir avec une fille de même état & de même rang que vous, & pour cela je vous ferai tout l'avantage qui sera en mon pouvoir. Dites-moi ce que vous en pensez, & si vous consentez à la proposition que je vous fais. Mon pere, répondit le fils, je vous prie de ne pas vous embarrasser du soin de me marier. Je ne vous ferai pas à charge à l'occasion de celle à qui je dois m'unir & donner ma foi, & je n'attens de vous aucun secours pour ce sujet. Mon fils, reprit le pere, je sçai ce que vous pouvez & ce que vous ne pouvez pas. Mais je voudrois sçavoir l'argent que vous pouvez compter, & quel est le mariage dont vous entendez parler. Le fils se leva & entra dans une chambre, d'où il apporta un sabre tranchant, cent fois plus terrible que les regards des belles, & mille fois plus précieux, à son avis, que le corail de leurs levres, & en le montrant à son pere : Je vous déclare, dit il, que c'est une couronne à laquelle je dois me marier, & que ce sabre est le bien que je porterai à la communauté du mariage. Une haute fortune n'est deshonorable à personne, & le sabre est le sceau le plus propre pour legitimer le contrat d'une pareille alliance.

Ce jeune brave guidé par son courage, n'eut pas de peine à venir à bout du dessein qu'il avoit formé, de conquerir un Empire.

Empire. Il se fit chef de parti, & subjugua en peu de temps de grands pays, dont il se fit reconnoître Souverain. Cela nous apprend, ajouta le faucon, qu'un sabre pour tout bien, suffit pour se rendre maître d'un Royaume ; & je vous ai apporté cet exemple pour vous faire comprendre qu'avec mon courage & mon intrepidité, je ne desespere pas de parvenir à la dignité la plus sublime qui puisse me convenir. Le cœur me dit que je réussirai dans mon projet, & que j'obtiendrai l'objet de mes desirs. Quoique vous puissiez me dire, j'executerai ce que j'ai résolu, & toutes vos raisons ne m'en empêcheront pas.

Le vautour vit bien que le faucon étoit né pour de grandes choses, qu'il avoit pris son parti, & qu'il étoit inutile qu'il s'efforçât davantage de le dissuader. C'est pourquoi il lui laissa la liberté d'executer ce qu'il paroissoit avoir résolu si fortement. Il lui témoigna neanmoins par ses soupirs, la douleur qu'il ressentoit de cette separation. Le faucon prit donc congé de son nourrissier & des petits vautours, s'éloigna d'un nid où sa fortune ne devoit pas se borner, & il alla en chercher une autre qui lui fût plus convenable. Il vola longtemps par la vaste étendue de l'air, & enfin il se posa sur le sommet d'une montagne, pour prendre un peu de repos. Là, en jettant les yeux de tous les côtez, il apperçut une perdrix qui se promenoit & qui faisoit retentir la campagne de son chant. Poussé par son naturel, qui le portoit à la chasse des perdrix, il s'élança dessus sans hesiter, & s'en saisit du premier vol. D'abord il la mit en pieces par l'estomach, & en remplissant son gosier de sa chair, il commença de goûter une délicatesse de viande qui surpassoit à son goût, tout ce que l'on dit de l'excellence de l'eau de la fontaine de vie, & de la douceur du sucre. Comme il n'avoit rien mangé de si friand jusques alors, il disoit en lui-même en s'addressant à la perdrix qui n'étoit plus en état de l'entendre : Je te trouve excellente depuis les pieds jusques à la teste, & je vois bien que c'est pour moi que tu as été créé. Puis en se parlant à lui-même : N'est-ce pas, disoit-il, avoir gagné beaucoup en voyageant, que de t'être délivré sa heureusement des méchans alimens dont l'on te nourrissoit? En peu de temps, te voila parvenu au bonheur de te repaître de viandes delicieuses ; & au lieu que tu étois renfermé dans un nid étroit & obscur, accompagné d'oiseaux vils & méprisables, tu jouis d'une pleine liberté en des lieux spatieux, où il n'y a rien qui ne puisse contribuer à ta felicité. Mais, ce ne sont ici sans doute, que des prémices des douceurs du monde. Qui sçait ce que le bonheur fera encore pour nous, & quelles faveurs il fera éclater pour notre satisfaction ? Eprouvons quelle doit être notre destinée. Aprés ces réflexions, il reprit son vol, & il vola encore un espace de temps, l'esprit content en s'occupant & en se divertissant à chasser aux perdrix.

Un jour qu'il étoit sur le haut d'un rocher, qui faisoit partie d'une montagne, & attentif à découvrir quelque proye, il vit au pied de la montagne, une troupe de chasseurs & plusieurs faucons dans un grand mouvement, c'étoit le Roy du pays, accompagné des gens de sa Cour qui prenoit le divertissement de la chasse. En observant ce qui se passoit, il vit partir un faucon de dessus le poing du Roy sur un oiseau, & en même temps, animé par la grandeur de son courage, il vola sur le même oiseau; & en fondant dessus comme un éclair, il l'enleva devant le faucon du Roy. Le Roy témoin de la vîtesse, de l'ardeur & de la hardiesse du jeune faucon, fut charmé de cette action, il commanda aux plus habiles de ses chasseurs, de faire en sorte de le prendre. Les chasseurs obéïrent, & lâcherent un faucon du côté où il étoit, il ne s'effaroucha pas quand il l'eut reconnu pour un oiseau de son espece. Il vola même audevant, le salua, & lui fit un compliment & plusieurs demandes sur son état & sur sa fortune. Le faucon du Roy surpris de ses manieres honnêtes, le satisfit sur sa curiosité, & lui fit naître insensiblement le desir de devenir courtisan; il réussit si bien, qu'il le persuada & qu'il se laissa prendre par les chasseurs.

Ce fut de cette maniere que le jeune faucon arriva au bonheur où son courage l'avoit conduit, & le Roy n'eut pas plûtôt remarqué toutes ses bonnes qualitez, qu'il l'établit dans l'honneur d'être ordinairement sur son poing. Et c'est ainsi que parmi les faucons, il se vit au souverain degré de felicité, après s'être vû dans la derniere bassesse.

Ce que je conclus de cette fable, ajouta Dabchelim, c'est que qui ne fait point de démarches pour arriver à la gloire, est méprisable, quoiqu'on ne réussisse point, parce que la fortune est contraire, il est toujours louable de la chercher. Pour bien mériter le nom d'homme, il faut avoir de grands desseins, & de hautes idées. Tel est l'homme, quel est son courage? Si ce brave faucon se fût borné à demeurer dans le nid des vautours, s'il n'eût pas abandonné leur compagnie, s'il n'eût point parcouru la mer aërienne, &

s'il n'eût pas traversé montagnes & campagnes, & rôdé en mille endroits, jamais de toute impossibilité, il ne fût arrivé à ce bonheur. De-là, il est aussi manifeste, qu'un homme, même de neant, malgré les difficultez qu'il rencontre, s'éleve au dessus de sa condition en voyageant, & se procure une haute fortune. Le voyage est le primtemps du cœur, & le chemin pour acquerir ce que l'on peut souhaiter ; & un Poëte dit excellemment :

*Le Voyageur obtient l'objet de ses desirs.*

Dabchelim acheva son discours en cet endroit, & alors l'autre Vizir lui fit une inclination trés-respectueuse, & parla en ces termes : Sire, l'on ne peut avoir aucun doute, sur toutes les maximes que votre Majesté vient d'avancer avec tant d'éloquence, & tant de netteté. Ce qui fait de la peine à vos serviteurs, c'est que la conservation de l'Etat, & le repos de ses sujets, sont attachez à sa santé, & qu'il ne convient pas à sa sagesse d'entreprendre un voyage si penible, & de renoncer aux plaisirs & aux commoditez dont elle jouit, pour aller s'engager en des deserts impraticables.

Dabchelim arrêta le Vizir en cet endroit : Les hommes, repliqua-t-il, doivent être accoutumez aux peines & aux fatigues, de même que les lions, aux assauts & aux combats. On ne peut pas nier que les peuples ne sont jamais à couvert des insultes, que les Rois eux-mêmes, ne se mettent en campagne, & ne parcourent les frontieres pour les mettre en sûreté. Vous sçavez, Vizirs, que les serviteurs de Dieu, sont de deux sortes. Les uns sont les Rois, à qui les Etats & les Empires sont confiez, pour être gouvernez, & les autres sont les peuples, ausquels les Rois sont obligez de procurer toute sorte de sûreté, de repos & de tranquillité. Si cela est constant, comme l'on ne peut pas en douter, le Roy & les sujets ne peuvent avoir en même temps le même privilege. Si le Roy veut jouir du repos, il ne peut le faire qu'il ne lâche les resnes de l'Empire des mains ; & s'il veut faire son devoir, & prendre soin de sa gloire, il faut qu'il renonce à la douceur du repos. Qui se donne tout entier aux plaisirs & aux délicatesses, rend la vie du monde la plus heureuse en fait de plaisirs : Mais, un monarque doit être dans son Empire, comme la rose au milieu d'un jardin où elle couche sur les épines. Selon les Philosophes, il faut voyager pour arriver à une demeure stable. Au travers de la longueur de ses peines, un amant arrive au bonheur de voir l'objet aprés lequel il soûpire. L'acquisition d'un état paisible & tranquille, dépend d'une suite de travaux & de soins, de même que la possession de ce que l'on cherche, dépend de la patience dans les souffrances. Qui donne dans la molesse, ne doit pas se charger du fardeau d'un Empire. Mais qui veut bien s'acquitter de son devoir en regnant, doit se priver du repos & du sommeil, & s'abstenir de la débauche du vin & de l'oisiveté. Par ces voyes il acquiert une gloire solide dans tout le monde, & réussit dans tous ses souhaits. C'est aussi par elles qu'un jeune leopard parvint en peu de temps au comble de ses vœux, & rentra dans la possession de la forest de Ferah-Efza, qui lui appartenoit de droit & par heritage. Comme Dabchelim eut remarqué sur le visage des deux Vizirs, la curiosité qu'ils avoient d'entendre le récit de la conduite du leopard, il leur en donna la satisfaction, & dit en continuant son discours.

# LE JEUNE LEOPARD.

### FABLE.

AUx environs de la ville de Balsora, il y avoit une Isle dont l'air étoit extrêmement temperé, couverte d'une forest agreable, & arrosée de plusieurs sources d'eau vive, d'où couloient des ruisseaux qui serpentoient de tous les côtez, & excitoient par tout de doux zephirs rafraîchissans qui donnoient la vie. Ces ruisseaux étoient bordez de fleurs de differentes couleurs, & les arbres qui regnoient le long des rivages, formoient des berceaux dont l'ombrage étoit impenetrable à l'ardeur des rayons du Soleil. Le Cyprés s'entremêloit avec le buis, le sapin avec le platane, & ainsi des autres arbres de differentes especes, tellement pressez les uns contre les autres, que le vent passoit seulement au dessus, & laissoit jouir au dessous d'un grand calme, & d'une fraîcheur admirable ; & tous ces agrémens avoient donné lieu d'appeller cette forest, *Ferah-Efza*, c'est-à-dire, augmentation de joye.

Un leopard des plus feroces, s'étoit emparé & rendu maître de cette forest, avec un pouvoir si absolu, que les lions les plus fiers, n'osoient seulement penser à cette retraite, tant il s'étoit rendu redoutable. Il en étoit de même, à plus forte raison, de toutes les autres bêtes sauvages,

& Fables Indiennes. 159

dont pas une de sa vie, ne passoit même par l'endroit, où il s'étoit arrêté un seul moment. Il y avoit longtemps qu'il en étoit en pleine possession, sans que rien lui eût donné le moindre ombrage, ou qu'il eût trouvé aucun obstacle à ses volontez. Il n'avoit pour successeur, qu'un jeune leopard, qu'il aimoit comme la prunelle de ses yeux, & son dessein étoit dés qu'il seroit dans un âge meur, & qu'il auroit ensanglanté ses griffes, & ses dents du sang des lions, de lui remettre le commandement entier de la forest, & de se retirer dans une solitude pour y passer le reste de ses jours en repos. Mais le destin ne lui donna pas le temps d'accomplir ce qu'il avoit projetté. Il avoit à peine commencé de faire quelque fondement fur cette efpérance, que le vent impetueux de fa derniere heure furvint, & fit tomber en même temps les feuilles & les fruits de fa vie.

Aprés la mort du leopard, les animaux du voifinage qui attendoient le moment depuis longtemps, accoururent de toute part, & s'emparerent de la foreft; & le jeune leopard qui ne fe fentoit pas affez fort pour s'y oppofer, prit le parti de leur ceder la place, & de fe retirer ailleurs. Ils fe difputerent le terrain entre eux avec beaucoup de chaleur; mais enfin, un lion plein de courage les mit tous à la raifon, & demeura le feul poffeffeur de la foreft.

Le jeune leopard marcha longtemps par des montagnes & par des deferts, & ne put fe réfoudre

foudre de s'arrêter en aucun endroit: il arriva enfin dans un bois où il rencontra plusieurs animaux, ausquels il fit le récit de sa disgrace, & acheva en leur demandant du secours pour la réparer. Les animaux qui avoient appris que le lion étoit en possession de l'état où il prétendoit rentrer, s'excuserent par la bouche d'un des principaux d'entre eux : Nous compatissons, lui dit-il, avec bien de la douleur à la disgrace dont vous nous parlez, mais la forest qui vous appartient avec justice, est présentement sous la patte d'un lion si fier, que l'éléphant le plus puissant, ne mettroit pas même le pied impunément sur le bord de ses terres. La crainte que les autres animaux ont du malheur qui pourroit leur en arriver, fait qu'ils ne paſſent ni par les bocages, ni par les collines de ſa dépendance. Nous pouvons encore vous aſſurer que le griffon du Caucaſe, ne ſe hazarderoit pas de voler par-deſſus ſes états, à cauſe de ſon ſouffle envenimé, & vous pouvez juger ſi les autres oiſeaux oſent le faire. Vous devez donc croire que des animaux comme nous, auſſi foibles que des gazelles, n'oſent ſe meſurer avec lui ; & vous ſçavez qu'un renard ne peut pas tenir contre un loup. Vous ne devez pas auſſi avoir la penſée de l'attaquer corps à corps, parce qu'un leopard, jeune & foible, comme vous l'êtes, qui entreprend de venir aux mains avec un plus fort que lui, court riſque de tomber d'une maniere à ne se relever jamais. Pour vous dire notre sentiment touchant vos interests, si vous voulez nous croire, allez vous réfugier à sa cour, excusez-vous de votre hardiesse sur l'état miserable où vous êtes, & marquez-lui avec sincerité & sans déguisement, que vous vous remettez à sa merci. Dans le méchant état où sont vos affaires, le meilleur conseil que vous puissiez prendre est de dissimuler.

Le jeune leopard goûta l'avis de ces animaux; il les remercia & se mit en chemin sans differer, résolu de se soumettre à tout. En arrivant à la cour du lion, il se présenta à lui, & lui fit son compliment, avec le respect & toutes les humiliations d'un esclave le plus soumis. Le lion lui fit un accueil trés-favorable, & lui donna un emploi conforme à sa qualité, dont le leopard le remercia avec des vœux pour sa prosperité, & en des termes choisis, qui firent admirer la vivacité de son esprit par le lion même, & par les courtisans qui étoient présens ; le leopard s'appliqua à remplir tous les devoirs de sa charge avec exactitude, & il le fit d'une maniere qui ne marquoit pas moins son zele, qu'une capacité extraordinaire. Le lion qui connoissoit & qui sçavoit récompenser le mérite, le distingua bientôt par dessus les autres. Pour lui donner des marques réelles de son estime, & de la satisfaction qu'il avoit de sa conduite, il le combla de bienfaits, & le reçut dans sa faveur. Cela lui attira l'envie des autres courtisans; mais quelque bonté que le lion lui témoignât, il n'en abusoit pas; il étoit au contraire plus assidu à faire sa cour, & n'étoit pas un moment sans s'appliquer aux affaires que le lion lui avoit confiées. Il sçavoit que plus l'on travaille, & plus l'on est consideré en quelqu'état que ce soit.

Un jour le lion eut une commission pressante à faire executer dans un bois un peu éloigné, mais dans un temps de chaleur si grande, que les montagnes & les campagnes paroissoient impraticables, & que la moëlle bouilloit dans les os des animaux : Par une chaleur si excessive, disoit-il en lui même, que l'huitre au fond de la mer, & les oiseaux dans l'air en sont rôtis, & que la salamandre, même pour l'éviter, se tient cachée dans son feu ; qui seroit celui de mes officiers, qui sans se ménager & sans avoir égard à un si grand obstacle, voudroit se charger de mes ordres, qui ne demandent pas de retardement.

Le jeune leopard arriva pour faire sa cour, dans le moment que le lion étoit occupé de cette pensée, & il remarqua qu'il étoit receuilli en lui même. Alors, comme il se sentoit avoir assez de courage pour entreprendre les choses les plus difficiles, il s'approcha du trône du lion, & aprés lui avoir témoigné qu'il s'appercevoit que quelque chose lui faisoit peine, il le supplia de vouloir bien lui en faire part, s'il le jugeoit capable de contribuer à l'en délivrer.

Le lion s'expliqua, & le jeune leopard se chargea du commandement. Il prit un nombre d'animaux sujets du lion, dont il avoit besoin pour l'execution, & avec une grande diligence il arriva sur le midi, au lieu où il devoit se rendre, & après avoir executé l'ordre qu'il avoit, il retourna de même auprès du lion, qui fut trés-satisfait de son zele & de ce qu'il avoit fait. Comme il se retiroit chez lui, des courtisans qui étoient d'intelligence, & qui avoient leur dessein, l'aborderent : Vous avez fait, lui dirent-ils, beaucoup de chemin par cette grande chaleur; Dieu soit loué, votre voyage a été heureux, & il ne reste aucune crainte de trouble. Vous feriez sagement de venir vous reposer quelques momens à l'ombre d'un arbre, & appaiser avec de bonne eau fraîche la grande soif que vous devez avoir. Venez, prenez un peu de relâche, les peines de ce monde ne sont pas le but que l'on doit se proposer dans la vie.

Le jeune leopard ne se laissa pas surprendre par ce conseil dissimulé : C'est en travaillant, pour le repos du lion notre maître, répondit-il avec un souris, que j'ai acquis le bonheur d'être bien dans son estime ; voulez-vous que je contribue moi-même à la détruire par mon oisiveté & par ma negligence ? Aprés avoir achevé cet ouvrage avec tant de difficulté, seroit-il de bons sens que j'en sapasse les fondemens, en m'abandonnant aux plaisirs & à la molesse.
Peut-

& Fables Indiennes. 169
Peut-on amasser un tréfor sans soins? Tréfor & soins sont deux choses qui s'accompagnent, & qui ne se quittent point. On n'arrive où je me suis proposé d'arriver, qu'en souffrant tout ce qu'il y a de plus difficile, & l'on n'y arrive pas en se laissant entraîner par le torrent de ses desirs & de ses passions.

Le lion fut informé des particularitez de cet entretien, & il demeura un espace de temps plongé dans une mer de differentes pensées, dont il fut agité. Il leva la teste, enfin avec un visage ouvert, qui marquoit sa bonne intention : Qui aspire, dit-il, à commander aux autres doit s'élever lui-même aux travers des peines & des souffrances, & les peuples ne peuvent jouir du repos, que lorsqu'ils

P

sont commandez par des Princes qui ne mettent pas la tête sur le coussin pour en prendre. Le Monarque qui ne se donne pas de de repos, fait naître le repos. En achevant ces paroles, il fit appeller le jeune leopard, & aprés de grands honneurs & toutes les caresses imaginables qu'il lui fit, il lui remit en toute souveraineté, la forest qui lui appartenoit par droit de succession, & non content de cette grace, il le déclara encore son lieutenant general dans tout ce qui étoit du ressort de ses Etats.

Par cette fable, ajouta Dabchelim, il est aisé de connoître que personne n'est jamais arrivé à la fin de ses espérances, qu'en y employant toute sorte d'efforts. C'est pourquoi, puisque dans le voyage de l'Isle de Sarandib, je ne me propose autre chose, que d'acquerir de la vertu, c'est une résolution que je veux executer absolument, quelques peines, quelques fatigues & quelques difficultez qu'il y ait à essuyer.

Les Vizirs connoissant que rien n'étoit capable de détourner le Roy de son dessein, se rendirent à tout ce qu'il voulut. Ainsi ils ne songerent plus qu'à mettre ordre aux préparatifs du voyage. Dabchelim cependant reçut les complimens des seigneurs de son Empire sur son départ, & il en choisit un sur la fidelité & sur la capacité duquel il avoit le plus de confiance, qu'il chargea du gouvernement pendant son absence. Et afin qu'il s'en acquitât avec plus de connoissance pour le bien de ses sujets, il lui laissa une instruction fort ample, remplie des maximes qu'il devoit suivre dans l'administration de la justice. Aprés avoir pourvû à tout ce qu'il jugea necessaire, il partit enfin, accompagné des officiers qui approchoient le plus prés de sa personne, & avec une suite convenable à sa grandeur & à sa puissance. Il passa de ville en ville, en faisant de belles remarques qui l'instruisoient & qui le consoloient suffisamment des incommoditez & des peines qu'il souffroit, & aprés un long voyage tant par terre que par mer, il aborda enfin à l'Isle de Sarandib, avec une satisfaction d'autant plus grande, qu'il y respiroit un air le plus pur & le plus délicieux du monde. Avec cela, il trouva que l'eau que l'on y beuvoit, étoit très-excellente, que la terre y sentoit le musc & l'ambre, & que les quatre élemens y conservoient une temperature si parfaite, qu'il étoit impossible de n'y pas vivre agréablement.

Quand ce Monarque fut arrivé dans la ville qui donne son nom à toute l'Isle, il s'y remit de ses fatigues pendant quelques jours, avant de prendre le chemin de la montagne, qui étoit au milieu de l'Isle. Il fit ce voyage seulement avec un nombre choisi de ses courtisans les plus favoris, & d'officiers les plus necessaires. Quoique la montagne fût d'une hauteur excessive, les environs neanmoins n'en étoient pas affreux, comme il arrive assez souvent. Ce n'étoit que verdure émaillée de fleurs de tous les côtez, & que jardins arrosez de ruisseaux & parsemez de roses & de toutes sortes d'herbes odoriferantes. Il vit & parcourut tous ces lieux, qui avoient été honorez de la présence d'Adam selon la tradition, avec autant de plaisir que de dévotion. Il arriva, enfin, à un endroit où il apperçut une ouverture de grotte, dont l'entrée, quoiqu'obscure, avoit quelque chose de majestueux. Il s'informa dans les habitations voisines de ce que c'étoit, & il apprit qu'un Philosophe ou Bramine de grande réputation y faisoit sa demeure, que son nom étoit Bidpaï, c'està-dire, *Philosophe charitable*, & que c'étoit un personnage de grande vertu, rempli de plusieurs belles connoissances, lequel avoit défriché les épines des mœurs dépravées, par une vie penible & solitaire, & qui passoit les jours & les nuits en des prieres & veilles continuelles.

Dabchelim s'avança jusques à la grotte, & s'arrêta quelque temps à l'entrée avec grande impatience de voir le Bramine, mais sans ouvrir la bouche de crainte de l'interrompre. Le venerable vieillard qui sçavoit par révélation le sujet du voyage du Roy des Indes, étoit au fond de la grotte, d'où il l'apperçut, & connut son inquiétude : Entrez en paix, lui cria t-il. Dabchelim entra, & en saluant celui qui l'avoit appellé, il ne douta pas qu'il ne fût celui qu'il cherchoit, & le personnage qui lui donneroit la satisfaction qu'il souhaitoit. Le Bramine le reçut avec respect & avec honneur, le pria de s'asseoir, lui demanda le sujet d'un si grand voyage, qui devoit lui avoir coûté beaucoup de peine. Dabchelim lui fit le récit du songe qu'il avoit eu, du tréfor qu'il avoit trouvé, & fur toute chose du teftament qui l'avoit principalement déterminé à l'entreprendre ; & lorfqu'il eut achevé : Beni foit le Monarque de grand courage, dit-il avec un visage rempli de joye, qui s'est exposé à tant de fatigues, dans l'intention d'acquerir de la vertu, des connoiffances & des inftructions pour le bien de fes états, & pour le repos de fes fujets. Alors, fans fe faire prier, il témoigna qu'il étoit prêt de découvrir fes fecrets, & d'ouvrir le tréfor de fa fageffe ; &

que pour cela il vouloit bien se priver pendant quelques jours de ses exercices ordinaires, afin de lui faire part des hautes maximes de son profond sçavoir.

Dans le cours des entretiens qu'ils eurent ensemble, Dabchelim qui possedoit le testament de Houschenk en sa memoire, proposoit les articles, & sur chacun le Bramine lui donnoit des explications avec des enseignemens convenables au jet dont il s'agissoit, & Dabelim ne perdoit rien de tout ce qu'il lui disoit.

## CHAPITRE I.

*Qu'il ne faut pas écouter les discours des médisans.*

LE premier enseignement du testament, dit Dabchelim au Bramine, en entrant en matiere, porte que celui qui se trouve honoré de la faveur d'un Sultan, devient d'abord l'objet de l'envie, tant des peuples que des courtisans, & que ceux des derniers qui approchent les plus prés de la personne du Prince, employent toutes les addresses & toutes les ruses imaginables, pour les détruire en son esprit par leurs médisances : Par ces motifs, qu'un Monarque doit être dans une attention continuelle à leurs discours, afin de ne pas se laisser surprendre. C'est, selon ce sentiment, qu'un Sage s'est expliqué : Ne donnez pas, dit-il, accés auprés de vous aux médisans, qui ne s'épargnent pas eux-mêmes en dardant leurs aiguillons les uns contre les autres. Ils témoignent de l'amitié en apparence ; dans le fond, ils n'ont d'autre intention que de tromper, & que faire tomber en quelqu'inconvenient : Venerable Philosophe & sage Bramine, j'espere que pour me servir d'exemple & de modele sur ce sujet, vous me ferez l'histoire d'un favori ou d'un ministre de quelque grand Monarque, envers lequel le Monarque ait changé sa consideration & son amitié en haine & en aversion, par les discours malicieux

& empoisonnez d'un envieux ou d'un ennemi, & cela d'une maniere ample & étendue.

Croyez-moi, puissant Roy, répondit le Bramine ; il est constant que le fondement le plus solide d'une monarchie, est posé sur cette maxime; que si un Monarque prête une fois l'oreille aux discours pernicieux des courtisans animez par envie, contre ceux qu'il a favorisé de sa confiance pour l'administration de ses affaires, il n'aura pas longtemps pour eux la consideration qu'il doit avoir, les éloignera, ou même leur fera perdre la vie. Ce qu'il y a de fâcheux, c'est que l'on ne détruit pas un Ministre, que l'Etat n'en souffre considerablement. J'ajouterai que toutes les fois qu'un mal-intentionné trouve le moyen

*& Fables Indiennes.*

de se mettre entre deux amis bien unis, il ne manque pas de dissoudre cette union par ses artifices. Un fourbe de renard en donne un bel exemple dans l'amitié qui étoit entre un bœuf & un lion, qu'il détruisit par une méchanceté signalée.

Dabchelim ayant témoigné qu'il écouteroit avec plaisir, renouvella son attention, & le Bramine poursuivit, & dit.

## D'UN MARCHAND ET DE SES DEUX FILS.
### CONTE.

AUTREFOIS, un marchand qui avoit vu le monde, & qui avoit éprouvé également les bonnes & les mauvaises fortunes, avoit aussi acquis en même temps de la sagesse, de la prudence, de la bonne foi, de l'intelligence dans les affaires, & la connoissance d'une infinité de choses. Il avoit voyagé en plusieurs Etats, où le négoce l'avoit appellé ; & de son temps, à force d'avoir passé de provinces en provinces, il étoit aussi peu embarassé de se mettre en chemin pour aller à l'extremité d'une quatriéme partie de la terre, que s'il n'eût eu à faire qu'un voyage d'une semaine. Aussi il avoit amassé de grandes richesses, par les peines & par les fatigues qu'il s'étoit données, tant en argent, qu'en possessions, & en bestiaux.

Aprés une vie d'une assez longue durée, comme il se vit les

& Fables Indiennes. 183
cheveux blancs, foible, vouté, & accablé d'incommoditez, il connut fort bien que la mort approchoit, & que ses infirmitez lui marquoient suffisamment qu'il devoit songer à partir de ce monde, & abandonner toutes ces choses. Pour s'y disposer, il appella deux fils qu'il avoit, & qu'il consideroit comme des rejettons, par lesquels il devoit revivre. A l'âge qu'ils avoient l'un & l'autre, il ne manquoient ni de courage, ni de lumières suffisantes pour se conduire eux-mêmes. Comme ils se fioient neanmoins aux grands biens, qui ne pouvoient leur échaper, & que par un emportement de jeunesse, ils faisoient de grandes dépenses, & passoient leurs plus belles années dans la débauche & dans l'oisiveté, le pere

qui les aimoit tendrement, & vouloit tâcher de les mettre dans le bon chemin par les conseils, leur dit : mes enfans, vous n'avez pas éprouvé quelle est la peine d'acquerir des richesses ; c'est pourquoi vous êtes excusables de n'en pas connoître la valeur, parce que selon le Proverbe, l'on ne connoît qu'aprés avoir goûté. Il est bon que vous sçachiez que les richesses sont le capital sur lequel on doit fonder le bonheur de cette vie, & que c'est par elles que l'on se met au dessus du commun des hommes, qu'il faut considerer en trois differens degrez. Les uns recherchent les plaisirs & la tranquillité de la vie, & n'ont autre but que de manger, de boire, & de satisfaire leurs passions. Les seconds veulent s'élever

lever au dessus des autres, & ce sont ceux qui aspirent après les charges & les dignitez, & ces deux sortes de personnes, ont besoin de richesses pour vivre à leur souhait. Les troisiémes s'appliquent seulement à mériter pour l'autre monde, & par cet endroit ils sont preferables aux autres, & d'un ordre plus relevé. Ils ont neanmoins besoin de richesses bien acquises, pour en faire de bonnes œuvres, & on ne peut les employer à un meilleur usage. Ainsi, en quelqu'état que ce soit, les richesses sont necessaires; mais il est impossible de les acquerir, sans se donner beaucoup de peine, & si quelqu'un en obtient par d'autres voyes, elles s'en vont bien tôt au vent, parce qu'il n'en connoît pas la valeur & n'a pas travaillé à les amasser. Un vent les lui a amenées, & un vent les emporte de même. Je vous dis tout ceci, afin de vous faire comprendre la necessité qu'il y a de vous retirer de la negligence à laquelle vous vous êtes abandonnez, & afin que vous vous donniez entierement à l'épargne, & au soin de menager & d'acquerir en vous attachant au negoce, l'unique ressource pour amasser des biens solides, comme vous sçavez que je m'y suis appliqué.

Quand le bon vieillard eut achevé de parler, son fils aîné prit la parole : Mon pere, dit-il, vous nous prêchez d'amasser & d'acquerir du bien ; mais vous me permettrez de vous représenter que vos conseils sont opposez à la résignation, & à la confiance que l'on doit avoir aux decrets éternels du ciel. En effet, il est constant que personne n'a de richesses, ni dequoi subsister, qu'autant qu'il plaît à Dieu. Quelque peine que l'on se donne, l'on n'en a pas plus pour cela, ni au-delà de ce qu'on en doit avoir Qu'on se fatigue, ou que l'on demeure en repos; l'on n'a d'abondance ou de disette, qu'autant que le destin en a ordonné. Chacun a son destin de toute éternité, qui n'est sujet à aucun changement, ni pour tous les efforts, ni pour tous les soins du monde. J'ai voulu éviter mon destin, me disoit une personne de bon sens & de distinction; à la fin, cependant je n'ai pas laissé d'en sentir les effets; & quelque peine que je me sois donné pour arriver à mon but, jamais je n'ai pu y réussir. Ainsi soit que nous travaillions mon frere & moi, & que nous embrassions une profession à gagner du bien, ou que nous passions notre vie à ne rien faire, jamais nous ne ferons changer le sort qui nous est prescrit, & ce qui arriva à deux Princes, est un témoignage bien authentique, de ce que j'avance. L'un acquit un trésor & l'autre perdit un Royaume, sur la confiance qu'il avoit que ce trésor étoit en sa possession, quoique cela ne fust pas. Le pere demanda comment cela étoit arrivé, & le fils en continuant de parler, dit.

# LE ROY ET LE DERVICHE.

## CONTE.

DAns la ville d'Halep aux confins de l'Arabie, regnoit un puissant Roy, qui avoit essuyé plusieurs revers de fortune, & passé pour le moins autant de fâcheuses nuits que d'heureux jours. Deux Princes ses fils enflez de la grandeur de leur naissance, des trésors & de la couronne qu'ils attendoient, passoient les jours & les nuits dans la débauche, & au milieu des concerts de voix, & d'instrumens, en se faisant chanter differentes chansons à boire, & une particulierement, dont voici le sens. " Garçon, fais rouler le verre que tu tiens à la main: Puisque nous devons bien-tôt être privez de ce monde, que la voute des cieux employe si peu de momens à mesurer le cours de notre vie," & qu'à peine on a le temps d'ouvrir & de fermer l'œil, pour s'appercevoir que l'on vit, ne soit pas aussi un moment sans nous verser à boire, redouble : que nous n'ayons pas même le tems de cligner l'œil,,. Et cette autre: ,, Garçons, apporte-nous de ce vin de couleur & d'odeur de rose. Puisque personne ne demeure éternellement en ce monde, rions comme la rose, réjouissons-nous au

moins dans le moment que «
nous avons à vivre, & chan- «
tons à pleine gorge, comme le «
rossignol «.

Quoique le Roy leur pere, sage, prudent & d'une grande experience, eût de grands trésors
en pierreries & en argent comp-
tant, il craignit que les Princes
ses fils ne dissipassent mal-à-pro-
pos tant de richesses qu'il avoit
amassées avec des peines incroïa-
bles: & pour empêcher que cela n'arrivât, il fit enterrer toutes
ces richesses dans l'hermitage
d'un Derviche retiré prés de la
ville, qu'il honoroit de son estime, & qui d'ailleurs s'étoit acquis
une grande veneration parmi le
peuple, qui le regardoit comme
un saint personnage, & il le fit
si secretement, que personne
n'en eut connoissance. Il char-

gea même là dessus le Derviche de sa derniere volonté, & il lui dit : Comme je prévois que cela peut arriver, lorsque la grandeur & les honneurs inconstans auront tourné le dos aux Princes mes fils, qu'ils seront pauvres, miserables, & réduits à la derniere necessité, je vous recommande de leur donner avis de ce trésor, & pas plûtôt. Peut-être qu'aprés avoir bien soufferts, ils sortiront de leur assoupissement, songeront à leurs affaires, & s'abstiendront des dépenses frivoles qui les auront jettez dans cette misere. Le Derviche promit de s'acquitter fidellement & ponctuellement de sa derniere volonté sur cet article.

Pour mieux cacher ce qu'il venoit de faire, le Roy fit construire

struire une espece de tour forte dans son palais, & en feignant qu'il y avoit enfermé toutes ses richesses, il dit aux Princes, qu'ils y trouveroient tout ce qu'il avoit de plus précieux ; si par la révolution du temps inconstant, ajoûta-t-il, vous vous trouviez dans l'indigence, ouvrez ce trésor, il y a dequoi rétablir le mauvais état de vos affaires.

Peu de temps aprés, selon le cours de la nature, par laquelle tout homme est mortel, le Roy & le Derviche moururent en peu de jours l'un aprés l'autre, & le trésor demeura dans l'hermitage sans que personne en pût donner la moindre nouvelle. Le Roy mort, les deux freres se firent une guerre cruelle & sanglante, non seulement pour la succession du Royaume, mais même pour la possession du trésor; & l'aîné à la fin de qui le parti étoit plus puissant, demeura vainqueur & possesseur absolu de l'un & de l'autre, à ce qu'il croyoit, & laissa son frere dans une défaite entiere à ne pouvoir se relever.

Ce dernier qui se vit déchû de ses esperances, & même privé de ce qui lui appartenoit par droit d'héritage, dit en lui-même : Puisque du suprême degré de bonheur où je me suis vû, me voici tombé dans le dernier degré de misere, que le ciel trompeur & la fortune outrageante, ont fait éclater leur haine contre moi, que gagnerois-je autre chose qu'un fâcheux repentir, si j'entreprenois une autre fois de monter au même degré de felicité ? Je n'en aurois que du chagrin & de l'affliction, & la seconde tentative ne seroit pas plus heureuse que la premiere. Il faut donc abandonner le monde, puisqu'il est passager, autant pour les jeunes que pour les vieillards. Je veux chercher un autre Royaume plus estimable que celui qui vient de m'être ravi, & m'ouvrir une porte plus heureuse, que celle qui vient de m'être fermée. Puisque la souveraineté à laquelle je croyois déja être arrivé, m'est échapée, le parti le plus avantageux que je puisse prendre, est d'embrasser la vie de retraite & de résignation à Dieu, & de m'engager dans la profession de Derviche, que l'on peut appeller avec justice un

Empire, qui n'est pas sujet à révolution. Le Derviche qui a pris le trésor de la solitude en partage, est Derviche de nom; mais dans la verité, il est maître de tout le monde.

Cette résolution prise, le Prince sortit de la ville, & en marchant sans avoir encore déterminé de quel côté il tourneroit ses pas, pour l'execution de son dessein : Un tel Derviche, se dit-il à soi-même, étoit grand ami du Roy mon pere, qui avoit beaucoup de veneration pour lui, je ne puis mieux faire que d'aller à son hermitage comme à un asile de sureté. J'espere que ce sera une benediction pour moi de demeurer dans un lieu où il respire, & dont il foule la terre sous ses pieds, pour se perfectionner dans le culte de Dieu, & arriver à la possession du Royaume d'un parfait abandonnement de toutes choses. Il arriva à l'hermitage; mais il n'y trouva personne. On lui dit que le Derviche avoit passé de cette vie à l'autre monde, & que depuis sa mort personne ne s'étoit présenté pour prendre sa place. Cela l'affligea sensiblement, & lui fit faire encore plusieurs reflexions sur le malheureux état de sa destinée. Il prit neanmoins confiance sur les graces qu'il esperoit d'obtenir par l'entremise de ce saint homme, & aprés s'être déterminé à s'établir dans l'hermitage, il y resta.

Au bout de quelques jours, comme le Prince examinoit toutes les dépendances de l'hermitage, il apperçut un tuyau qui servoit à conduire de l'eau de pluye dans une cîterne, & même une ouverture pour en puiser l'eau. Il essaya d'en tirer, & il ne s'y en trouva pas. Il s'étoit pourvû d'eau d'ailleurs jusques alors ; mais l'avantage d'en trouver chez lui, le fit résoudre à mettre la cîterne en état de s'en servir. Il y descendit, & en l'examinant, outre qu'il apperçut que le tuyau étoit bouché, il remarqua aussi un endroit, où il paroissoit que l'on avoit remué la terre, il n'y avoit pas longtemps. Il voulut voir ce que c'étoit, & en peu de temps il découvrit l'entrée du trésor que le Roy son pere avoit fait cacher. Il l'ouvrit, & lorsqu'il eut vû les pierreries, l'or & l'argent dont il étoit rempli, il se prosterna, & re-

& *Fables Indiennes.* 199
mercia Dieu de sa bonté, & de la faveur dont il le combloit. En se consultant sur cette avanture : Voilà, dit-il, des richesses immenses & prodigieuses; mais je serois indigne de ma bonne fortune, si je passois les bornes de la moderation par une joye trop éclatante de cette découverte. Il ne faut pas que cela me porte à rien faire d'opposé à la vie retirée que j'ai embrassée, ni à m'écarter des routes de la médiocrité, pour m'exposer à tout perdre. Je veux attendre & voir ce que le temps fera naître de favorable pour en pouvoir faire un usage legitime.

Le Roy son frere occupoit cependant le trône, & jouissoit du pouvoir absolu. Mais il n'avoit ni experience, ni habileté pour maintenir ses troupes dans la discipline, il se fia sur le trésor qu'il prétendoit que son pere avoit caché dans le Palais, & dépensa le peu qu'il avoit sans ménagement. Avec cela il étoit si prévenu de sa puissance, qu'il tenoit beaucoup au dessous de sa grandeur, de penser seulement que ses voisins osassent l'attaquer. Il negligeoit même de s'informer de ce que le Prince son frere étoit devenu.

Il étoit dans cette tranquillité apparente, lorsque tout à coup un puissant ennemi prit les armes contre lui, résolu de le chasser de ses Etats, & de s'en emparer. A cette nouvelle, comme il connoissoit que le peu de finances qu'il avoit trouvé à son avenement à la couronne étoit épuisé, & que ses troupes n'avoient ni armes ni équipage, il eut recours à la tour où son pere avoit marqué qu'il avoit caché ses tréfors. Le besoin de s'en servir étoit pressant pour se maintenir dans son Royaume, fondé sur la maxime qui dit que les Rois ne sont Rois que par leurs troupes, & que l'on a de troupes qu'à proportion que l'on a de l'argent. Il chercha le tresor avec de grands empressemens; mais il ne trouva rien, & tous ses soins ne servirent qu'à lui causer l'affliction la plus sensible que l'on puisse imaginer, puisque la douleur de ne pas trouver ce qu'il cherchoit dans le besoin qu'il en avoit, augmentoit d'autant plus qu'il se donnoit de peine à le chercher inutilement.

Privé de la ressource qu'il croyoit lui rester, il ramassa

autant de troupes qu'il lui fut possible, & marcha à leur tête au devant de l'ennemi, il le rencontra, & accepta la bataille qui lui fut présenté. Il combattit en personne avec valeur pour donner exemple à ses soldats, mais au plus fort de la mêlée il reçut un coup de fleche dont il mourut. De l'autre côté le Roy ennemi reçut un coup de sabre qui lui abbatit la tête. Par cette perte mutuelle les deux armées demeurées sans Roy & sans chef, furent dans une grande confusion, & peu s'en fallut qu'elles ne s'entredétruisissent l'une & l'autre, tant elles étoient animez à venger une mort qui leur étoit réciproquement si funeste. Aprés beaucoup de sang répandu, les generaux de l'une & de l'autre armée s'abboucherent enfin, & consulterent sur les moyens de rendre les deux nations amies. Ils convinrent qu'il falloit choisir pour Roy des deux nations un sujet qui fût d'une maison Royale, & en chercher un avec cette qualité, capable d'ailleurs de soutenir dignement le poids du souverain pouvoir. Aprés plusieurs déliberations, ils fixerent leur choix sur la personne du Prince retiré dans l'hermitage, prévenu qu'aprés avoir pris la résolution d'abandonner le monde, il les gouverneroit avec toute la justice & l'équité possible

En conséquence de cette élection, les plus distinguez des deux Etats députez pour lui offrir la couronne dont il avoit été jugé digne, se rendirent à l'hermitage, & aprés lui avoir rendu leurs respects, ils lui déclarerent le consentement des deux nations en sa faveur pour être leur Roy Le Prince ne put se dispenser d'accepter l'honneur qu'on lui faisoit, & les députez aprés l'avoir tiré de l'hermitage le mirent sur le trône. Ainsi, aprés s'être abandonné à la volonté de Dieu, il se vit en possession non seulement du trésor du Roy son pere; mais même de deux puissans Etats.

Cet exemple, ajoûta le fils du marchand, fait voir que tous les soins & toutes les peines que l'on se donne, ne produisent aucune avance pour arriver à l'état où l'on est appellé, & que le plus grand secret est de demeurer là dessus dans une parfaite résignation sur ce que Dieu en a ordonné. C'est Dieu

& Fables Indiennes. 205

qui se charge du soin de tout le monde, & particulierement de ceux qui se donnent à lui, qu'il protege pardessus les autres. Rien n'est plus avantageux que cette résignation. En effet, est-il rien plus aimable que de renoncer à soi-même? C'est aussi le seul parti que j'ai résolu de suivre.

Mon fils, repliqua le pere à ce discours, quoiqu'il y ait de la verité dans ce que vous venez de me dire; rien neanmoins ne se fait en ce monde que par un concours de causes, & Dieu gouverne toutes choses de maniere que les plantes & les arbres, par exemple, ne produisent rien qu'à force d'une bonne culture. C'est pour cela qu'un laboureur qui avoit l'experience de plusieurs années, disoit à son fils, que le bonheur du labourage consistoit à bien employer la charue. La veritable résignation que vous devez embrasser, est de n'entreprendre aucune chose, qu'en vous servant des moyens par lesquels vous pouvez les obtenir & posseder en même temps, ce que Dieu vous accorde. C'est ce qui a fait dire à des personnes d'une grande sagesse, qu'il faut agir pour ne pas croupir dans l'oisiveté, & rapporter à Dieu tout ce que l'on acquiert par le travail ; qu'autrement l'on seroit coupable d'une negligence criminelle. Un Poëte nous avertit de notre devoir, quand il dit :

*La résignation*
*Ne doit pas vous jetter dans l'inaction.*

Ecoutez aussi ce qu'un ami de

Dieu dit sur le même sujet. Travaillez & mettez votre confiance au Tout-Puissant, & en vous résignant à sa volonté, ne laissez pas de travailler. Sans doute que vous n'avez pas entendu parler de l'histoire d'un Derviche, qui après avoir vû ce qui étoit arrivé entre un faucon & une petite corneille, se mit en fantaisie d'abandonner toute sorte de travail, même celui qui étoit necessaire pour sa subsistance. Mais cela lui attira une rude réprimande de la part de celui qui a fait toutes choses. Le pere qui vit que ses enfans lui prêtoient attention, leur récita le conte suivant.

# LE DERVICHE
## ET
## LA PETITE CORNEILLE.
### CONTE.

UN Derviche traversoit un jour une forest, & faisoit de profondes réflexions sur les marques visibles & continuelles de la bonté, de la misericorde & de la Toute-Puissance de Dieu. Il étoit en cette méditation, lorsqu'il vit un faucon voler & se poser sur un arbre avec un morceau de viande au bec, qu'il déposa dans un nid en le couvrant de ses aîles, & en criant d'une maniere qui marquoit qu'il faisoit une action

de

de pieté & de passion. Surpris de cet objet, il s'arrêta pour découvrir ce que c'étoit, il connut enfin qu'il y avoit dans ce nid une petite corneille sans plumes & sans aîles, abandonnée de pere & de mere, que le faucon nourrissoit de cette viande par morceaux, à proportion de la capacité de son gosier.

A cette merveille : Que la bonté & la miséricorde de Dieu sont admirables, s'écria le Derviche, de ne pas permettre qu'une petite corneille orpheline, & incapable de sortir de son nid, manque de nourriture; & par sa providence, un faucon qui a les griffes fortes & le bec perçant, prenne soin d'un petit oiseau d'une espece toute differente de la sienne, & faire plus pour lui, que ne feroient peut-être le pere & la mere de cette corneille. La surface de la terre est une table commune, que Dieu a préparée à toutes ses créatures, elles y sont également invitées. Sa liberalité s'étend même à pourvoir le griffon d'alimens sur le Caucase. Absorbé dans une profonde avarice, j'employe cependant tous mes soins à chercher ma vie, & à me pourvoir d'un morceau de pain. C'en est fait, je veux d'oresnavant me délivrer de tout cet embarras, & effacer absolument de mon cœur, la passion d'acquerir, dans laquelle je suis malheureusement plongé : je laisserai même toute sorte de travail, qui peut y avoir rapport, puisque Dieu est la source de tout bien.

La résolution du Derviche,

route inconsiderée qu'elle étoit fut si ferme, qu'il commença dés lors à l'executer. Il se retira dans un lieu à l'écart ; & là, sans faire aucune démarche pour sa subsistance, il se remit entierement à la providence de celui qui prend soin generalement de toutes choses. Pour se confirmer davantage dans cette résignation : N'attache pas ton cœur, se disoit-il, aux causes secondes, repose-toi sur la premiere de toutes. Il demeura trois jours & trois nuits dans une inaction parfaite, sans boire & sans manger, en attendant en sa faveur un miracle semblable à celui de la petite corneille. A la fin, il fut attaqué d'une foiblesse si grande, qu'il n'étoit plus en état de faire même les exercices de dévotion. Pour le tirer de son erreur, Dieu lui fit entendre une voix qui lui dit: Toi qui me fers, sçache que j'ai créé la machine de l'univers telle qu'elle est, à la charge & condition que les causes secondes agiroient, & que les hommes travailleroient pour se nourrir. Je pourrois par ma puissance, contribuer immédiatement à ta nourriture, sans aucun soin de ta part; mais par un decret de ma sagesse, les besoins des créatures, sont sujets aux causes secondes, & c'est par elles qu'elles subsistent, & se maintiennent. Prétens-tu par ta résignation, t'opposer à ma sagesse & à ma providence.

Mon fils, poursuivit le pere, apprenez de cet exemple, que les causes secondes doivent avoir leur cours, & par conséquent, qu'il est necessaire d'agir, & de travailler. Posons encore comme une verité selon votre prétention, que l'on obtient tout en se remettant à la volonté de Dieu & à sa providence; cela n'empêchera pas qu'il ne soit toujours vrai de dire que les avantages du travail sont plus estimables, & beaucoup au dessus des avantages de votre pretendue résignation. En effet, la résignation ne peut tout au plus être avantageuse qu'à celui qui se résigne. Mais les avantages du travail ne sont pas seulement pour celui qui agit; ils se communiquent encore au dehors, & cette communication est ce qui détermine le bien. C'est, comme vous devez le sçavoir, ce qui a aussi donné lieu à la maxime, qui dit que le meilleur des hommes, est celui qui fait du bien aux hommes. C'est un crime à celui qui est capable de faire du bien de demeurer dans l'oisiveté, & de s'attendre qu'un autre lui en fasse. Imitez le faucon, & poursuivez la proye comme lui ; c'est-à-dire, travaillez pour nourrir vos enfans, & gardez-vous bien de suivre l'exemple de la petite corneille, qui n'est pas encore en état de chercher sa nourriture.

Le fils aîné qui n'avoit rien à répartir au raisonnement si convainquant du bon vieillard, se tût, en laissant la parole à son cadet. Mon pere, dit le cadet, je vois fort bien que nous ne devons pas prendre le parti de nous abandonner à la providence de la maniere que mon frere

*& Fables Indiennes.* 215

l'entendoit. Mais aprés que nous aurons fait nos efforts pour acquerir, & que Dieu par sa liberalité parfaite, nous aura donné du bien & des richesses, qu'en ferons-nous, & comment nous prendrons-nous pour les conserver ? Nous attendons vos sages conseils là-dessus.

Mon fils, répondit le pere, votre demande est juste. Il est aisé d'amasser des richesses, il est vrai, la difficulté est de les garder & d'en faire un bon usage. A mesure qu'on les acquiert, l'on doit observer deux choses. La premiere, de les mettre en un lieu de sureté, afin qu'elles ne se perdent pas, & qu'elles ne soient pas exposées à être enlevées par les voleurs ; parce qu'une infinité de gens aiment les richesses, & que ceux qui les possedent ont des ennemis sans nombre. La seconde, de ne les pas prodiguer, & de s'en servir à propos. Au lieu de se contenter du revenu, si l'on dépense sur le fond, l'on ne se trouve en peu de temps que du vent dans les mains. Le lit d'une riviere où l'eau ne coule pas, demeure bien-tôt à sec; & si l'on ôte toûjours d'une montagne sans rien mettre à la place, l'on en trouve le pied en peu de temps. Il en est de même de celui qui sans aucun revenu, tire toujours de sa bourse & se plaît à faire de la dépense, il tombe infailliblement dans le besoin, & on le voit perir sans ressource, de même que Lokman (*a*) raconte qu'il arriva

(*a*) Les Orientaux sont de differens avis au sujet de Lokman, les uns croyent qu'il
à

& Fables Indiennes. 217
à une souris, qui se tua elle-même de déplaisir. Le pere fut in-

étoit neveu de Job du côté de sa sœur, d'autres petit neveu d'Abraham, & quelques-uns qu'il nâquit sous le regne de David, qu'il étoit encore en vie sous le Prophete Jonas, & que le cours de sa vie dura près de 300 ans, que sa condition étoit servile, & qu'il étoit tailleur, charpentier ou berger, mais tous conviennent qu'il étoit Habaschi; c'est-à-dire, Abissin, natif d'Ethiopie ou de Nubie, de la race de ces esclaves noirs à grosses levres que l'on vendoit en ces pays, de sorte que Lokman se trouva porté & vendu par les Israëlites, sous les regnes de David & de Salomon. Son maitre trouva en lui tant de vertu & de sagesse qu'il lui donna sa liberté.

Il y a beaucoup de vrai-semblance que Lokman est le même qu'Esope, qui en grec signifie Ethiopien, en effet on trouve dans la vie, les paraboles, proverbes & apologues de Lokman, les mêmes traits que nous lisons dans les fables d'Esope, de sorte que l'on ne sçait pas certainement si les Arabes les ont empruntez des Grecs, ou si les Grecs les ont pris des Arabes; ce qu'il y a de certain, c'est que cette maniere d'instruire par des fables est plus conforme au genie des Orientaux, qu'à celui des autres peuples, & que la plûpart des fables de ce recueil,

T

terrompu en cet endroit par le fils qui le pria de ne pas le priver du récit de cet avanture, qu'il raconta de la maniere qui suit.

ont eu leur source dans les œuvres de Lokman, si recommandable par la superiorité de son génie, que Mahomet dans le 31. chapitre de l'Alcoran, fait parler Dieu ces termes : *Nous avons donné la Sagesse à Lokman.*

## LA SOURIS PRODIGUE.

### FABLE.

UN jour après une moisson abondante, un laboureur qui songeoit à l'avenir, enferma une grande quantité de bled dans un magasin, résolu de ne l'oûvrir que dans un temps de cette, & il cacha la clef dans un lieu que personne que lui ne savoit.

Le hazard voulut qu'une souris affamée, qui avoit son trou près du magasin, se mit à ronger le bois, & fit tant avec ses petites dents aigues, qu'elles s'apperçut que du bled tomboit dans son trou, par l'ouverture qu'elle avoit faite. Elle se réjouit de son bonheur, & le regarda comme un don du ciel. Mais la découverte de ce magasin la rendoit si fiere, qu'en ce moment elle ne s'estima pas moins que Caroun & Pharaon, qui furent autrefois si puissans, l'un par ses richesses immenses, & l'autre par des trésors qui correspondoient à sa grandeur. Les souris du voisinage au bruit de la fortune, qui se répandit en peu de temps, vinrent en diligence & en foule lui faire la cour, & lui offrir leur amitié par l'esperance de profiter de la sienne, semblables aux mouches qui s'assemblent autour du miel. Elles lui firent mille reverences à leur maniere, & mille complimens en lui témoignant la joie qu'elles avoient de son bonheur, avec des louanges flateuses, & des vœux pour sa prosperité.

La souris enivrée de sa felicité, ne se contenta pas de parler de sa découverte à ses compagnes, comme une insensée; elle fit encore la liberale dans la croyance que le magasin ne désempliroit jamais, & que le bled couleroit incessamment par le trou comme du sable, & elle leur fit large table. Elle ne disoit pas : c'est assez pour aujourd'hui, gardons quelque chose pour demain. Elle ne pensoit qu'au temps présent, & l'avenir ne lui faisoit aucune peine. Au contraire, elle chantoit hautement, & le sens de sa chanson étoit : Garçon verse nous à boire aujourd'huy ; personne n'a vû le jour de demain.

Pendant que la souris & ses amies se régaloient ainsi avec profusion, une famine extraordinaire survint dans le pays qui mit tout le monde dans la derniere disette de vivres. Les cris du peuple qui souffroit, montoient jusqu'aux cieux, & l'on n'entendoit par tout, que des gens qui offroient de se donner pour du pain, & personne ne se présentoit pour accepter leur offre. D'autres mettoient tout leur bien en vente, pour en avoir un morceau, & ils ne trouvoient pas d'acheteurs. La misere enfin étoit si grande, que tout étoit en desordre & en confusion, pendant que la souris faisoit bonne chere, sans se mettre en peine si le bled lui manqueroit, ou s'il y avoit famine.

Au bout de quelques jours, le laboureur pressé par le mal qui devenoit plus grand, alla visiter son magasin. A l'ouverture, il fut fort étonné d'y trouver une diminution considerable, & il en fut d'autant plus affligé, qu'il en attribua la cause à la negligence, & que la perte lui en étoit alors trés-sensible. Il connut bien-tôt d'où le dommage étoit venu, & pour y remedier sans attendre davantage, il fit transporter le bled dans un lieu où il étoit sûr qu'il ne s'en perdroit pas un grain.

& Fables Indiennes. 223

Dans le temps que cela se passoit, la souris qui faisoit la maîtresse & la distributrice du bled, étoit plongée dans un profond sommeil, & les autres souris étoient tellement occupées à sauter & à danser, que le bruit & le tintamare qu'elles faisoient, leur ôta la connoissance des allées & des venues des gens du laboureur occupez à vuider le magasin. Une des plus avisées s'apperçut neanmoins de quelque chose ; curieuse de sçavoir ce que c'étoit, elle regarda par un coin de l'ouverture du magasin, elle vit qu'il étoit vuide. Elle courut avec précipitation annoncer cette triste nouvelle à ses compagnes, aprés quoi elle fut la premiere à disparoître ; & les autres ne demeurerent pas aprés elle. Chacune prit son parti, & elles laisserent là leur bienfaictrice toute seule.

Voilà ce que la plûpart des amis font ordinairement : ils se rangent auprés de vous attirez par votre table ; ils vous abandonnent dés que vos biens diminuent. Ils établissent leur bonheur sur le vôtre, & vous n'êtes pas plûtôt dans la disgrace qu'ils s'éloignent de vous avec la derniere lâcheté ; lâcheté que souvent ils poussent encore plus loin. Dans le temps même que vous les comblez de bienfaits, ils vous souhaitent du mal dans la vûe de leur interest. N'attendez pas que ces amis dissimulez vous abandonnent, soyez le premier à vous éloigner d'eux.

Aprés un sommeil d'une longue durée, la souris s'éveilla, & ne vit plus d'amies auprès d'elle.

Epouvantée de cette solitude, elle regarde à droite, à gauche, elle court de tout côté; pas une ne paroît. Alors le cœur outré de douleurs; J'avois, dit-elle, des amies, que sont-elles devenues: Quel malheur peut les avoir obligées de m'abandonner? Elle sort de son trou pour en avoir des nouvelles; au lieu d'en entendre parler, elle vit que la famine étoit si grande que tout le monde crioit generalement aprés du pain. Elle revient en diligence pour mettre en réserve quelque chose du bled, qu'elle croyoit être encore en sa disposition; mais elle n'en trouva pas un grain. Elle entre dans le magasin par le trou qu'elle avoit fait; elle furte par tous les coins, & ne trouve rien absolument. En ce moment, abandonnée à la confusion & à la douleur, elle se livra à un desespoir furieux, & se heurta la tête tant de fois contre tout ce qu'elle rencontra, qu'elle se fit sortir la cervelle, & expira.

Mes enfans, ajoûta le pere, le fruit que vous devez tirer de cette fable, c'est d'apprendre que la dépense doit toujours être proportionnée au revenu, de maniere qu'elle ne l'excede jamais, & qu'il ne faut jamais toucher au fond, qui doit demeurer en son entier. Je vous recommande d'observer mes conseils, & de ménager si bien ce que je vous laisse, que vous n'ayez pas sujet de vous repentir de ne l'avoir pas fait.

Le second fils trés-satisfait de tant de bons enseignemens, fit encore cette demande à son pere : Je suppose, dit-il, qu'un homme ait fait un fond raisonnable, & qu'il ait pourvû suffisamment à sa sureté, je vous supplie de me dire, de quels moyens convenables il doit se servir pour en dépenser le revenu à propos ?

Mon fils, répondit le pere, la mediocrité est louable en toutes choses, & particulierement dans ce qui regarde l'œconomie. Un pere de famille aprés avoir reçû la rente de ses biens, ou retiré le profit de l'argent qu'il a en fond, doit observer deux choses. La premiere, de ne faire aucune dépense inutile, parce qu'à la fin, elle ne cause que du repentir & du chagrin. De plus, comme la dépense inutile se fait ordinairement pour les plaisirs, rien ne marque davantage le peu de conduite, le peu de religion, & la foiblesse indigne d'un homme, que de succomber aux tentations du démon en s'y abandonnant. Il seroit, ce me semble, plus tolerable, d'être avare, avec de grandes richesses, que de tomber dans un excés si condamnable. Il est bon de remarquer encore une chose à ce sujet. Quoique rien ne soit si beau & si genereux, que de donner, même avec profusion, il faut le pratiquer neanmoins avec égalité & mesure.

La seconde chose à observer, c'est de s'abstenir de toute sorte d'avarice. L'avare est un objet de malediction, également par rapport au monde, & par rapport à la religion, & l'ennemi general de tous les pauvres, qui doivent être un objet de compassion, à tous ceux qui sont en état de leur faire du bien. A quoi sert à un avare d'avoir tant de tresors, dont il ne fait pas bon usage? D'une maniere ou d'une autre, ils se consument à la fin, & se dissipent miserablement. Considerez avec moi, un grand réservoir de maçonnerie, qui reçoit de l'eau en quantité & qui n'a qu'une petite décharge pour la laisser écouler. Il se remplit, & l'eau non-seulement se déborde, elle mine même la maçonnerie, & s'écoule de maniere, qu'il n'en reste plus. Il en arrive de même des richesses de l'avare, lorsque ses coffres sont pleins ou il s'en voit privé dés son vivant, par quelque malheur imprévu, ou ils tombent en partage à des heritiers qui les prodiguent, & qui ne parlent jamais de lui qu'en détestant sa memoire, ou qu'en faisant des railleries de sa simplicité.

Aprés avoir bien écouté les sages remontrances du bon vieillard, les deux fils pour en profiter, choisirent chacun une profession. Sans parler du cadet qui se contenta d'une vie plus tranquille, l'aîné se tourna du côté du négoce, & voyagea dans les pays éloignez. Pour le transport de ses marchandises, il se pourvut de deux bœufs les plus gros & les plus capables de lui rendre le service dont il avoit besoin, & nomma l'un Choutourbeh; c'est-à-dire, *ressemblant au chameau*, & l'autre Mehterbeh, c'est-à-dire, *le grand* ou *le puissant*, par excellence. Il les pensoit lui-même, il les nourrissoit grassement, & il en prenoit au-

& Fables Indiennes. 231

tant de soin que de sa personne. Mais à force de faire des voyages continuels, de marcher jour & nuit chargez de pesans fardeaux, & de traverser des deserts affreux, ils perdirent peu à peu leur embonpoint, & devinrent maigres & fort foibles. En cet état, ils se trouverent un jour dans un chemin si fâcheux & si rompu, que Choutourbeh fatigué & abbatu y demeura sans pouvoir s'en tirer.

Le marchand extremement affligé de cette disgrace, employa tout le monde de la caravane qu'il put assembler pour tirer de-là Choutourbeh, & il en vint à bout. Mais comme il n'étoit pas en état de marcher, il le laissa avec un valet pour avoir soin de lui, & le ramener dés qu'il seroit un peu remis de sa lassitude. La frayeur saisit le valet quand il se vit seul au milieu d'un desert, & il en fut si peu le maître, qu'il abandonna Choutourbeh, & fit accroire au marchand lorsqu'il eut rejoint la caravane, que le pauvre animal étoit mort.

Au premier gite où la caravane s'arrêta, Mehterbeh accablé de fatigues & de lassitude, & affligé de se voir separé d'avec Choutourbeh, fut tellement pressé de ses maux, & de chagrin qu'il en mourut. Choutourbeh au contraire dans le desert où il avoit été abandonné, se trouva dans d'excellens pâturages diversifiez de ruisseaux, & il reprit ses forces en peu de jours. Il s'y trouva même si agreablement, qu'il resolut de n'en point partir, & d'y faire sa résidence

& Fables Indiennes. 233
résidence. Comme il se nourrissoit parfaitement bien & qu'il vivoit sans soin, sans embarras & sans aucune fatigue, dans la plus grande liberté du monde, il devint gras & robuste au dernier point, & un jour il se mit à beugler d'une telle force, que tous les environs en retentirent.

Dans la même campagne il y avoit un lion d'une force & d'une fierté non commune, qui avoit sous son obéïssance une grande multitude d'autres lions, & de bêtes sauvages, dont il étoit reconnu pour Roy. Comme il étoit jeune, qu'il commandoit absolument, & qu'il se voyoit une cour nombreuse, grand équipage, & des sujets soumis à ses volontez, il s'étoit persuadé que rien en tout l'Univers, ne lui étoit comparable en grandeur

V.

ni en puissance. En effet, sa réputation étoit si répandue, que les tigres les plus feroces, & les éléphans les plus effroyables le redoutoient bien loin aux environs. Il s'étoit rencontré souvent avec ces animaux dans les combats ; mais il n'avoit jamais vû de bœufs, ni entendu leur beuglement, de sorte qu'il fut dans une grande frayeur, lorsqu'il entendit beugler Choutourbeh. Ce qui lui fit le plus de peine, ce fut la crainte qu'il eut que les lions & ses autres sujets ne s'apperçussent de sa foiblesse. Il fit tout ce qu'il put pour la dissimuler ; mais comme elle l'obligeoit de se priver de la chasse qu'il avoit coûtume de faire aux bêtes sauvages, qui ne relevoient pas de lui, & de tout autre divertissement, un renard s'apperçut qu'il n'avoit pas l'esprit dans son assiette ordinaire. Il en avoit deux auprés de lui fort assidus à lui faire la cour, l'un nommé Kelileh, c'est-à-dire, *couronné*, ou digne *d'une couronne*, & l'autre Demneh, c'est-à-dire, *envieux*.

Ces deux renards avoient l'éloquence & la ruse en partage, conformément à leur naturel. Demneh neanmoins plein d'ambition, étoit plus propre à l'intrigue, & avoit plus de sçavoir faire. Aussi comme il avoit plus de pénétration, il fut le premier à s'appercevoir de la frayeur du lion. Il s'en expliqua à Kelileh : Mon frere, dit-il, ( la grande amitié qui étoit entre eux, faisoit qu'ils se traitoient de freres ) que dites-vous du Roy ? Ne vous appercevez-vous pas qu'il abandonne toutes sortes de divertissemens depuis quelques jours, qu'il demeure dans une même place, & garde un profond silence ? Il n'a plus même cette serenité qui éclatoit sur son visage. C'est la marque d'une tristesse interieure qui le ronge.

Bon Dieu, Demneh, répondit Kelileh : quelle hardiesse avez-vous de me tenir ce discours ? Que vous importe de prendre garde à ce que le Roy fait ou ne fait pas ? Dieu benisse ceux qui comme nous, sont persuadez de sa grandeur, qui sçavent l'étendue de sa puissance, & ne s'écartent de leur devoir, ni du respect qu'ils lui doivent. Nous jouïssons du bonheur d'être les esclaves du trône de sa majesté, & c'est par sa liberalité que nous subsistons vous &

moi. Demeurons-en dans ces termes, & éloignons de nous la curiosité de pénétrer dans les actions & dans les secrets des Rois. Il n'appartient pas à nous de nous donner cette liberté. Contentons-nous d'être du nombre de ceux qui composent la cour de ce Sultan. Son estime doit nous tenir lieu de toute chose auprés de lui. Il est trop dangereux de se mêler d'approfondir les secrets des souverains, & ce seroit une entreprise qui pourroit conduire à la fin tragique d'un singe, qui voulut se mêler de l'art d'un menuisier. Demneh interrompit Kelileh en cet endroit pour le prier de lui raconter cette fable, & Kelileh ne refusa pas de lui donner cette satisfaction. Il reprit donc son discours, & dit.

# LE SINGE ET LE MENUISIER.

### FABLE.

UN menuisier étoit assis sur une piece de bois qu'il scioit, & pour manier la scie avec plus de facilité, il avoit deux coins qu'il mettoit dans la fente alternativement, à mesure qu'il avançoit son ouvrage, & un singe le regardoit faire avec attention. Par hazard le menuisier quitta son travail, & alla à quelqu'affaire : Le singe pendant son absence monta sur la piece de bois, & s'assit de maniere que sa queue pendoit au travers de la fente. Comme il eût ôté le coin qui écartoit les deux côtez sciez, sans mettre l'autre auparavant, les deux côtez se resserrerent si fortement, que sa queue en fut meurtrie & écrasée. Il fit de grands cris, & en se lamentant dans le fort de sa douleur : En ce monde, dit-il, il faut que chacun fasse son ouvrage, on ne fait que gâter celui d'un autre; en se mêlant de le faire; mon mêtier est de manger des fruits, dequoi me suis-je mêlé de vouloir scier; il en pend autant à ceux qui voudront m'imiter. Dans le temps qu'il se faisoit cette corection à lui même, le menuisier survint, & vit le singe en ce pitoyable état : Voilà, dit-il, ce qui arrive à qui se mêle d'un mêtier dont il n'a pas fait apprentissage. Et au lieu de le délivrer, il le batit si rudement, que les coups qu'il reçut joints au mal qu'il souffroit déja, le firent mourir.

Je vous apporte cette fable pour exemple, ajoûta Kelileh, afin de vous faire mieux connoître que chacun doit se mêler de ce qui le regarde, & que l'on ne doit pas sortir de la circonférence du cercle où l'on se trouve enfermé. Le proverbe dit aussi fort à propos là dessus, que chaque entreprise demande un homme en particulier. Ainsi, cher Demneh, ne vous chargez pas d'une fonction, qui ne vous convient pas.

Il ne faut pas, repartit Demneh, avoir la prévention où je vois que vous êtes, que l'on doit être à la cour des Rois, simplement

ment pour boire, pour manger & s'empêcher de mourir de faim. Quelque précaution que l'on prenne, on rend toujours le tribut à sa destinée, de quelque maniere que ce soit. L'estomach ne demeure jamais vuide pour peu que l'on mange, & une seule sorte de viande le remplit. Il faut tenter la fortune; l'on n'est que ce que l'on doit être. Sçachez que l'on n'a point d'autre avantage à la Cour, que celui, si l'on le peut, d'arriver à une dignité plus relevée que celle que l'on y possede. On doit y aspirer, afin d'être en état de faire du bien à ses amis, & d'empêcher par la force & par l'autorité, que les ennemis que l'on a, ne puissent nuire. Qui n'a pour objet, que les bons morceaux, doit être placé au dernier ordre des

X

bêtes. Ne voyez-vous pas que le chien naturellement affamé, est le plus content du monde, lorsqu'il ronge un os, & que le chat est dans la derniere joye, lorsqu'il tient un morceau de viande entre les dents. Mais, écoutez ce que dit un Poëte : » Ayez, » dit-il, de vastes desseins de- » vant Dieu & devant les hom- » mes. Vous n'arriverez à la gloi- » re, qu'à proportion de vos en- » treprises. L'on doit faire des » efforts pour s'élever, quand » l'élevation ne devroit pas du- » rer plus longtemps, que la sai- » son des roses. La mémoire de » celui qui agit si noblement, est » en bonne odeur auprés des » gens d'esprit, qui les distin- » guent au dessus de ceux qui » vivent plus longtemps ; mais » avec moins d'éclat. Quand on a une certaine élévation d'ame « on regarde tous ceux dont les « inclinations sont basses, com- « me s'ils étoient morts, & on ne « les considere que comme des « épines seches, qui ne laissent « pas de subsister longtemps dans « leur état de secheresse. Qui « s'est acquis de la gloire, ja- « mais ne meurt; mais qui ja- « mais n'a fait une belle action, « peut veritablement être comp- « té pour mort ,,.

C'est à ceux, reprit Kelileh, qui sont d'une haute naissance, ou qui ont un grand mérite par devers eux, qu'il convient d'aspirer à de hautes dignitez ; mais vous & moi, nous n'avons ni l'un ni l'autre de ces deux choses. Par quel endroit prétendez-vous donc que nous arrivions à ces grandeurs que vous vous mettez dans la tête ?

Cher ami, repliqua Demneh, il ne s'agit ni de la naissance, ni de la valeur pour arriver aux grandes charges, c'est de la vivacité d'esprit dont il faut faire état. Les esprits foibles & rampans s'éloignent de cette splendeur, & demeurent dans la poussiere. Mais il est permis d'aspirer à tout, lorsqu'on a de l'esprit, quand même il s'agiroit de grimper au haut des cieux, & de s'y établir. Les Philosophes moraux & politiques, disent qu'il faut beaucoup souffrir pour s'élever aux degrez d'honneur; & que l'on en descend avec fort peu de peine. Il en est de même que d'un gros marbre que l'on enleve de terre avec difficulté, & que l'on y peut faire tomber à la moindre impulsion. Ces difficultez empêchent de s'élever ceux qui ne s'ébranlent pas facilement. Mais pour me servir des termes qu'un Poëte met à la bouche d'une amante : " Je ne veux pas d'un amant " délicat & impatient, j'en veux " un qui soit brave, & qui sup- " porte avec patience tous les " assauts qu'il faut livrer, ou " soutenir en amour. Qui se bor- " ne à une vie faineante, & ne " veut rien faire ni rien entre- " prendre, demeure dans le mé- " pris. Mais qui ne se rebute pas " des épines qu'il rencontre en " marchant à la gloire, arrive " infailliblement en peu de tems " au comble de ses souhaits. L'on " n'acquiere de la gloire, " qu'au milieu des souffrances " & des dangers que l'on essuie, " & un cœur n'a de prix qu'au- " tant qu'il est teint de sang ; de "

„ même qu'entre les rubis, les „ plus chargez en couleur, sont „ les plus précieux & les plus „ estimez. Il faut donc marcher „ avec intrepidité, dans les rou- „ tes qui conduisent à la gloire, „ & dans la résolution de souf- „ frir puisque l'on n'y arrive qu'à „ ce prix „. Je vois bien que vous n'avez pas connoissance de l'histoire de ces deux amis, compagnons de voyage, dont l'un parvint à être Roy, parce qu'il eut le courage d'essuyer des dangers, pendant que l'autre demeura dans l'obscurité, parce qu'il n'avoit pas voulu s'y exposer comme lui. Kelileh témoigna qu'il apprendroit cette histoire avec plaisir, & pria Demneh de la lui raconter, ce qu'il fit en cette maniere.

Tome 1.ᵉ f.ᵉ 247.

# LES DEUX VOYAGEURS.

### CONTE.

SALEM & GANEM, poursuivit Demneh, étoient amis, & faisoient ensemble un voyage de plusieurs journées. Un jour ils arriverent à une haute montagne, & en la cotoyant par le bas, ils rencontrerent une fontaine, dont l'eau étoit fraîche & excellente. Près de la fontaine étoit un canal d'eau vive, bordé & ombragé de cyprés, de pins, & de platanes, au milieu d'une prairie parsemée de fleurs, qui rendoit encore le lieu plus agreable.

Tous ces agremens inviterent les deux voyageurs à s'y arrêter & à prendre un peu de repos, pour se remettre de la fatigue d'un fâcheux desert qu'ils venoient de traverser, & ils choisirent un endroit commode, où ils s'assirent sur l'herbe. Aprés qu'ils se furent delassez quelque temps, ils se promenerent autour de la fontaine, & le long du canal. Il s'approcherent aussi de l'endroit par où l'eau de la fontaine se jettoit dans un grand bassin, & sur le bord ils apperçurent un marbre blanc orné de caracteres d'azur, si bien formez, qu'il étoit aisé de juger de l'excellence de l'ouvrier qui les avoit gravez, & l'inscription étoit conçue en ces termes: ,, Voya- ,, geur, qui honores ce lieu de ,, ta présence, nous avons un lo-

gement magnifique pour te recevoir, si tu veux être notre
hôte. Mais, à condition que
tu passeras ce canal à la nage
sans craindre sa profondeur,
ni la rapidité du courant de
l'eau. Quand tu seras sur l'autre bord, tu chargeras sur tes
épaules le lion de marbre posé
au pied de la montagne, & sans
hésiter, tu le porteras tout
d'une course & tout d'une haleine, jusques au sommet,
sans avoir égard ni aux lions
ravissans que tu pourrois rencontrer, ni aux épines dont
le chemin est jonché. Ces choses executées, tu seras heureux
pour jamais. L'on n'arrive pas
au gîte, si l'on ne marche.
Qui ne travaille point, n'obtient pas ce qu'il souhaite. La
lumiere du soleil remplit tout

„ l'Univers; les moins délicats
„ & les plus déterminez en re-
„ çoivent & en souffrent les
„ rayons les plus vifs & les plus
„ ardens.

La lecture achevée : Venez, dit Ganem à Salem, entrons en cette lice & surmontons le peril qu'on nous propose. Faisons nos efforts, éprouvons si la promesse de ce talisman est veritable, tentons, voyons ce qui nous en arrivera.

Cher ami, répondit Salem, il y auroit peu de bon sens de s'exposer à un danger aussi évident, sur une simple écriture, qui promet un bonheur fort incertain. Un homme raisonnable ne voudroit pas hazarder sa vie, pour un bien aussi imaginaire que celui-là ; & jamais sage ne s'engagera à un danger présent

*& Fables Indiennes.* 251

& visible, pour un plaisir qui n'a point d'apparence. Croyez-moi, mille années de délices ne valent pas la peine que l'on expose sa vie un seul moment pour en jouir.

Ganem ne se paya pas de ces maximes. Camarade, repliqua-t-il, la passion de vivre à son aise sans rien hazarder, est l'avant-coureur d'une vie méprisable & ignominieuse, mais on court à la gloire & à la felicité, en s'exposant aux dangers. Qui donne dans la mollesse, ne goûte ni la joye, ni le plaisir d'avoir souffert, & qui craint le mal de tête, se prive de la douceur du bon vin. Qui a du courage, ne borne pas son bonheur à mener une vie privée & miserable. Le veritable repos est celui dont on jouit, lorsqu'on est élevé au dessus des autres. Ne déliberons pas plus longtemps. Il n'est pas moins de notre honneur que de notre interêt de ne pas continuer notre voyage que nous n'ayons monté au haut de cette montagne, malgré le courant rapide, malgré les lions & malgré les épines. Nous souffrirons quelque chose; mais aprés cela, il est à croire qu'en récompense de nos peines, & des deserts que nous aurons passez, nous trouverons de belles campagnes.

Faites ce qu'il vous plaira, repliqua Salem. Pour moi, je ne puis m'empêcher de vous dire encore, qu'il n'y a pas moins de folie d'entreprendre ce que vous prétendez, que de vouloir voyager par un desert, dont on n'est pas certain de trouver bien-tôt l'extremité; ou de naviger sur une

& Fables Indiennes. 253

mer, dont on ne trouve jamais le rivage. En quelqu'entreprise que ce soit, il ne faut pas moins sçavoir comment l'on en sortira, que l'endroit par où l'on doit la commencer, afin de ne pas travailler inutilement, & de ne pas exposer sa vie, que l'on doit cherir plus que toute chose du monde. Ecoutez encore le sentiment d'un Sage, qui dit : " En quelqu'endroit que vous " deviez entrer, n'avancez jamais le pied, qu'auparavant " vous n'ayez bien affermi la " place où vous voulez le poser " & que l'ouverture par où vous " devez en sortir, ne soit suffisamment large „.

De plus, peut-être que cette écriture n'est pas bien correcte, ou qu'on la mise là simplement pour se divertir, & pour abuser de la simplicité des sots; peut-être aussi que l'eau est insurmontable, & qu'il n'est pas possible de gagner l'autre bord. Je veux que vous la passiez; mais quand vous l'aurez passée, peut-être que vous trouverez le lion de pierre si pesant, que vous ne pourrez pas seulement le lever de terre. Mais je veux que vous l'enleviez, êtes-vous sûr de l'emporter tout d'une course jusqu'au haut de la montagne? A la fin de tout cela, vous ne sçavez à quoi aboutiront tant de difficultez. Pour moi, je vous déclare, que je ne me suis pas joint à votre compagnie, pour partager avec vous un peril de cette nature. Ce que je puis faire, c'est de vous conjurer, comme je le fais, d'abandonner un dessein si mal conçu.

& Fables Indiennes. 255

Cette instance de Salem étoit forte; mais Ganem y résista : Je ne puis, lui dit-il, écouter votre priere, & rien n'est capable de m'empêcher d'éxecuter la résolution que j'ai prise. Ni démons, ni esprits, quels qu'ils puissent être, ne m'en détourneront pas par leurs suggestions. Je sçai que vous ne vous êtes pas joint avec moi en ce voyage pour me suivre en cela, & je vois que vous ne voulez pas avoir cette complaisance pour moi. Venez au moins, approchez-vous seulement pour voir, & accompagnez ce que je vais faire, de vos prieres & de vos vœux. Permettez-moi de vous faire souvenir de ce que dit un Poëte: " Je sçai que vous n'ê- " tes pas d'un temperamment à " boire du vin; ne laissez pas "

,, neanmoins de venir, & d'en-
,, trer au cabaret, pour voir les
,, bûveurs le verre à la main ,,.

Quand Salem vit la résolution de Ganem, il lui dit encore: Par cette raillerie dont je ne m'offense pas, je connois assez que vous ne vous mettez pas en peine de mes avis, & que vous ne voulez pas vous désister de votre dessein, qui n'est appuyé sur aucun bon fondement. Je ne me sens pas l'esprit assez fort pour en soutenir l'execution de mes yeux. De plus, je ne suis pas curieux de voir un spectacle pour lequel j'ai naturellement de la répugnance. Ainsi je vous laisse faire, & je m'éloigne d'un objet qui me feroit de la peine. En achevant ces paroles, il prit sa besace, dit adieu à Ganem, & reprit son chemin.

Lorsque

Lorsque Ganem fut seul, il se remit à tout évenement, & en s'approchant du canal ; il faut, dit-il, que je me plonge en cette mer pour y perir ou pour en rapporter la perle que j'espere. Avec cette résolution, il se jette dans l'eau qui étoit trés-profonde & trés-rapide; mais il se posseda si bien dans cette action courageuse qu'il aborda heureusement à l'autre bord. Il reprit haleine, chargea le lion de marbre sur ses épaules, & monta jusqu'au haut de la montagne, d'un même pas, nonobstant les difficultez qu'il rencontra, & la pesanteur du fardeau qu'il posa à terre en arrivant.

De l'autre côté, au pied de la montagne, Ganem apperçut une belle ville, dont les environs parsemez de maisons de campagne bien bâties, avec de grands jardins, faisoient un trés-beau spectacle à voir. Dans le temps qu'il étoit attaché à considerer ces objets agreables, le lion de marbre poussa un cri si effroyable, que la montagne en trembla, & que toute la campagne voisine en retentit.

A ce cri, qui fut entendu de la ville, les habitans sortirent en foule, & s'acheminerent vers la montagne, ce qui ne causa pas moins d'étonnement à Ganem, que le cri du lion. Les plus signalez & les plus distinguez avancérent à la tête des autres, & rendirent de profonds respects à Ganem, avec de grands complimens, en lui souhaitant toute sorte de prosperitez. Ensuite ils lui présenterent un beau cheval richement harnaché. Il monta dessus à leur priere, & ils lui firent cortege jusques à la ville, avec tout le peuple qui étoit sorti au-devant, ils le conduisirent dans un palais magnifique, & le firent entrer dans un bain d'eau de roses, aprés quoi on le frotta avec des essences de musc & d'ambre. Ils le revêtirent enfin d'un manteau royal, le proclamerent leur Roy, & lui prêterent foy & hommage en cette qualité.

Jusques là Ganem n'avoit rien trouvé d'extraordinaire dans les honneurs qu'on lui avoit rendus, il les avoit regardez comme un effet de la considération singuliere de ce peuple, envers les étrangers; mais quand il vit qu'on le proclamoit Roy, il demanda la raison du choix que l'on faisoit de sa personne pour commander, & pour regner. Sire, répondit un des chefs, les anciens Philosophes de ce pays, ont posé un Talisman à la fontaine que vous avez vûë, & dressé pour ce sujet, sous des constellations faites selon les regles de leur art. Lorsque quelque brave, aprés avoir passé l'eau à la nage, apporte au haut de la montagne, le lion de marbre; ce qui arrive seulement quand le Roy de cette ville, & de l'Etat qui en dépend est mort, la ville, comme votre Majesté a pû le voir, va au-devant de lui, au rugissement du lion, & le met sur le trône à la place du défunt. Il y a de longues années, & mêmes plusieurs siecles, que cette coûtume est en usage parmi nous.

A ce discours, Ganem connut que toutes les disgraces & toutes les peines qu'il avoit souffertes, avoient été autant de degrez pour arriver à cette haute fortune, & que lorsque les belles actions ont la gloire pour but, la gloire de son côté, fait réciproquement toutes les démarches necessaires, pour être leur récompense.

En achevant ce conte ; De cette avanture, ajouta Demneh, vous pouvez aisément conclure, que l'on ne jouit des douceurs qu'aprés les amertumes. C'est une maxime aussi ancienne que le monde, & vous la trouverez dans tous les livres de morale. Un Ganem qui a de hautes idées, ne peut jamais être un sujet de mépris, parce qu'il ne borne pas ses desirs à des objets bas & vils. De toutes les raisons que je vous ai apportées, je tire enfin cette consequence, que je ne serai jamais en repos, que je ne me sois insinué dans la faveur du lion, & que l'on ne me compte au nombre de ses favoris les plus intimes, & je ne cesserai point d'agir conformément à ce dessein, que je n'en sois venu à bout.

Mais, dit alors Kelileh, par quelle ouverture prétendez-vous vous acheminer au but que vous vous proposez? Quels moyens imaginez-vous, pour vaincre les difficultez que vous avez à surmonter avant que d'y arriver.

Dans la conjoncture présente, répondit Demneh, que le lion a l'esprit embarassé, je prendrai l'occasion de me présenter à lui; peut-être que les bonnes choses

& Fables Indiennes. 263

dont je l'entretiendrai, jointes à l'éloquence dont je fçaurai les affaifonner, feront impreffion fur fon efprit en ma faveur, & que les avis que je lui donnerai, fans perdre le refpect que je lui dois, diffiperont les nuages de l'humeur fombre où nous le voyons; & lui feront reprendre l'air de férénité qu'il n'a plus depuis quelques jours.

Votre vanité, repartit Kelileh, eft à un point qui n'eft pas fupportable, d'avoir la penfée que vous avez, & de vous flater d'entrer dans la faveur & dans la familiarité que vous prétendez. Je veux bien convenir avec vous que cela puiffe arriver. Mais comme vous n'avez jamais été au fervice des Rois, & que vous n'avez aucune teinture des égards refpectueux qu'il faut avoir prés de leurs perforınnes, vous ne ferez pas longtemps à vous voir déchû du fruit de vos peines & de vos foins, & votre difgrace fera d'une nature que vous ne pourrez jamais la réparer.

Qui a du fçavoir faire, repliqua Demneh, trouve de la felicité dans le maniement des affaires des grands, & qui a un génie tranfcendant, une circonfpection parfaite, de la capacité & de l'adreffe, réuffit en tout ce qu'il entreprend. L'hiftoire en fournit un exemple fameux en la perfonne d'un artifan, qui éleva fa fortune jufques à devenir Roy. Un Roy de fes voifins fçavoit qu'il avoit été menuifier & charpentier : curieux de fçavoir comment il avoit appris l'art de gouverner, dont il s'acquittoit parfaitement bien,

*& Fables Indiennes.* 265
bien, il le pria par une lettre de vouloir bien l'en instruire. Ce Roy lui fit réponse, que la même faveur du ciel qui lui avoit donné de l'esprit en partage, & de la conduite pour arriver au trône, ne lui avoit aussi rien caché des leçons les plus particulieres, dont il avoit eu besoin pour bien gouverner, & que la prudence pour faire toutes choses avec droiture, ne lui manquoit pas dans les occasions.

Les Rois, insista Kelileh, ne prennent pas toûjours pour leurs Ministres & pour leurs Favoris, ceux qui ont le plus de mérite & de capacité. La plûpart de ceux qui ont eu cet avantage, sont au contraire arrivez à ce degré, parce qu'ils étoient fils de Favoris, ou par quelque service signalé, ou par une inclination

Z

particuliere du Prince, qui les trouvoit plus conformes à son humeur. Mais vous n'êtes pas fils de Ministre ou de favoris, à peine même êtes-vous connu du Roy. Ainsi, il y a beaucoup d'apparence que vous ne réussirez pas dans vos prétentions frivoles. Considerez, si cela vous arrivoit, que vos ennemis s'en réjouiroient, que vos amis en auroient une affliction sensible, & que vous vous attireriez un grand nombre d'autres ennemis.

Pour vous répondre là dessus, reprit Demneh, je vous dirai que ceux qui s'élevent à la Cour des Rois, le font par degrez, & avec une patience de longue durée, avant de mériter l'estime du Monarque, auquel ils se consacrent. C'est mon intention de les imiter & de me servir des mêmes moyens. Je suis donc résolu de m'attacher tout de bon à faire ma cour, & de travailler uniquement dans la vûe de me faire considerer du Prince, & & de meriter d'être employé pour son service. Les douceurs que je prévois, m'encouragent à essuyer les peines & les rebuts qui y conduisent. Pour y réussir, je sçai que les courtisans doivent indispensablement observer cinq choses : La premiere, de réprimer par la douceur & par la complaisance, le penchant qu'ils pourroient avoir aux emportemens ; la seconde, de ne pas se laisser séduire par le démon de l'orgueil ; la troisiéme, de n'être pas attaché à leur interest ; la quatriéme, d'être sincere dans l'administration des affaires, & la cinquiéme, de ne pas s'ébranler pour tous les contre-temps qui peuvent leur arriver. En telle Cour que ce soit, l'on ne peut pas manquer de venir à bout de ses desseins, en suivant ponctuellement ces maximes.

A la bonne heure, dit encore Kelileh, vous paroissez bien instruit des devoirs d'un courtisan ; je veux que la pratique vous en soit heureuse, & que vous arriviez à la tête de tous les favoris du Sultan : mais en ce haut degré d'élévation, comment vous maintiendrez-vous dans son amitié, dans sa bienveillance & dans sa confiance ?

A cette nouvelle demande, répondit Demneh, dés que je serai parvenu à la faveur & à l'estime la plus intime de sa Majesté, je me ferai une loi de

& Fables Indiennes. 269
pratiquer cinq autres péceptes. En premier lieu, je le servirai avec la fidelité la plus exacte; ensuite, je serai attaché uniquement à sa personne; en troisiéme lieu, j'applaudirai à toutes ses volontez & à toutes ses actions; de plus, lorsque j'appercevrai qu'il se portera à une chose, qui aura la moindre apparence d'équité pour son bien particulier, & pour le bien de l'Etat, je lui en mettrai devant les yeux toutes les utilitez, & tous les avantages dans leur jour, & j'employerai toutes les raisons qu'il me sera possible, pour lui persuader qu'il ne pourra rien faire de plus convenable à sa gloire, afin que l'évenement lui donne la joye d'avoir bien rencontré. Lorsqu'au contraire il formera un dessein dont l'execu-

tion pourroit être préjudiciable, tant à l'Etat qu'à ses interests, je lui en representerai les consequences fâcheuses avec douceur, & en même temps avec toute la force & toute l'amitié à quoi je serai obligé par mon devoir. J'espere que par cette conduite il sera bien-tôt convaincu de ma capacité & de mes bonnes intentions. Alors, sans difficulté, il aura de la consideration pour moi, il desirera de m'avoir toûjours prés de sa personne pour l'entretenir, & il recherchera mes conseils. J'aurai aussi par ce moyen, l'avantage qu'aucune de mes bonnes qualitez ne lui sera cachée. Qui se distingue par ces endroits, ne manque jamais d'être reconnu pour ce qu'il est, ni d'être cheri. La vertu ressemble au musc.

Le musc, tout caché qu'il est, ne laisse pas de répandre son odeur aux environs. Va, marche, dit un Philosophe moral, acquiers de la vertu, c'est le moyen de remplir incontinent l'Univers de ta réputation.

Par votre discours, reprit Kelileh, je connois que c'est une affaire résolue, & que vous allez vous engager dans ce grand ouvrage. Je vois même que dans la speculation, vous paroissez assez instruit des devoirs du haut emploi aprés lequel vous aspirez. Je crains fort que dans la pratique, vous ne trouviez plus de difficulté que vous ne croyez. Souffrez encore que je vous donne cet avertissement. Le service des Rois est plein de dangers, & c'est ce qui a fait dire aux Sages, qu'il y a trois choses qui ne sont pratiquées que par ceux qui sont dépourvus de bon sens : Rechercher la faveur des Sultans; avaler du poison pour faire l'épreuve de la theriaque, & découvrir son secret à une femme. Ils comparent aussi les Rois à une haute montagne couverte de pierreries dont il ne faut pas s'approcher, parce que des tigres & des serpens y font leur retraite ; ou à la mer, sur laquelle navigent des marchands, dont les uns font naufrage, & d'où les autres rapportent de grandes richesses. Je n'ay plus que ceci à vous dire : Il est vrai que l'on trouve au fond de la mer des perles d'un prix excessif ; si neanmoins vous voulez vivre en sureté, croyez-moy, demeurez sur le rivage.

& Fables Indiennes. 273

Demneh ne demeura pas encore sans replique : J'avoue, dit-il, que vous me dites les meilleures choses du monde, & que l'on ne peut donner des conseils plus veritables ni plus salutaires. L'approche des grands est périlleuse. C'est un feu auquel on se brûle. Je sçai qu'un Poëte s'écrie là dessus, & dit : Gardez-vous de la frequentation des Rois, avec le même soin que le bois sec doit s'éloigner du feu. Tout cela est vrai, j'en demeure d'accord ; mais écoutez ce qui me confirme encore dans ma genereuse résolution. Qui ne combat point, craint le danger, & n'arrive jamais à la gloire. Qui ne hazarde rien dans le negoce, ne gagne rien. Je conviens encore, comme on le dit, qu'il faut s'abstenir de trois choses, de l'amitié des souverains, de la navigation, & de s'attaquer à des ennemis superieurs en forces & en nombre. Mais comme je ne me sens pas des forces inferieures à mon courage, par quelle raison ne m'engagerois-je pas tout de bon, à m'avancer à la Cour de notre Sultan ? Je tiens presque pour assuré, que tout ce que je m'y promets, m'arrivera. Voulez-vous, dit encore un bon auteur, de l'honneur & de la gloire, employez le courage dont vous êtes partagé, vous en obtiendrez à proportion de la peine que vous y aurez mise.

Kelileh conclut ce long entretien par ces paroles : C'est contre mon sentiment & mon avis que vous allez vous embarquer dans une mer des plus orageuses, puisque vous voulez neanmoins faire à votre volonté absolument, je souhaite que vous ayez un succés plus heureux que le préfentiment que j'en ai ne me permet d'efperer. C'eft par un principe de l'affection & de l'amitié que j'ai pour vous, que je vous ai fait tant d'objections. Dieu vous garde de mal.

Demneh prit congé de Kelileh, partit, & fe rendit auprés du lion. Lorfqu'il fut arrivé, il prit la hardieffe de s'approcher plus prés qu'il n'avoit de coutume; & aprés de profondes révérences du plus loin qu'il l'avoit apperçu, en lui fouhaitant toute forte de bonheur à haute voix, il demeura debout parmi les courtifans qui faifoient un cercle autour de fa perfonne : le lion demanda aux miniftres les plus voisins de son trône, qui étoit Demneh. Un d'eux qui prit la parole, répondit que c'étoit le fils d'un tel officier mort il n'y avoit pas longtemps, après de longs services. Le lion qui le reconnut, le fit approcher : Où est votre demeure ? quelle est votre occupation ? Sire, répondit, Demneh, je suis le plus humble de tous les serviteurs de votre Majesté, & du nombre des esclaves qui ont le bonheur d'être à sa Porte. J'y tiens la place de mon pere, & je borne toutes mes volontez aux ordres qui pourront venir jusques à moi. J'attens que quelqu'affaire à laquelle je puisse être employé se présente, & que votre Majesté me fasse l'honneur de me commander. Je suis prêt, en l'executant avec tout le zele possible, de faire paroître la pénétration, la sagesse & la diligence dont je suis capable. Pendant que les ministres de votre majesté, sont occupez aux affaires les plus importantes ; d'autres propres à être executées par des officiers subalternes peuvent se présenter. Un sage dit qu'il ne faut pas détourner personne d'une affaire, pour l'occuper à une autre ; la lance qui perce les cuirasses, ne doit pas être employée au ministere d'une aiguille, ni le sabre à faire la fonction d'un ganif. Un Poëte dit aussi qu'une corde ne peut servir d'aiguille, plus on se donneroit de peine à l'éguiser, & moins l'on avanceroit. Le sabre est fait pour faire couler le sang, & le diamant pour polir & percer les autres pierreries. On ne laisse pas même de tirer du service d'un serviteur foible & mal-habile? Une épine foulée aux pieds dans un chemin, peut un jour être employée utilement, quand ce ne seroit qu'à en faire un curedent.

Le lion écouta le discours de Demneh avec plaisir, & ne fut pas moins surpris de son éloquence qu'il en fut charmé. Qui a de l'esprit, dit-il, en s'adressant à ses courtisans, fait paroître dans l'occasion dequoi il est capable, nonobstant la bassesse & l'obscurité de sa naissance. Il en est de même que du feu ; sa flamme monte toujours en haut, en quelque bas lieu qu'il se trouve. La vertu éclate comme le musc, qui se fait sentir quelque soin que l'on prenne de le cacher. L'amour caché dans le cœur d'une maîtresse, que la pudeur empêche de se déclarer, paroît à l'amant plus clairement que les cheveux qui font l'ornement de sa tête.

Demneh entendit ces paroles avec d'autant plus de joye, qu'elles lui firent connoître que son discours avoit plû au lion, & qu'il en étoit content. Cela lui donna la hardiesse de reprendre la parole, & de profiter de l'occasion pour lui insinuer quelque chose de plus engageant en sa faveur, en y mêlant adroitement des conseils pour la conduite des Rois, & voici ce qu'il lui dit : Sire, il est de la sagesse & de la justice des Rois, de donner generalement à tous leurs serviteurs, de l'emploi dans les affaires, pour l'avantage de leurs Etats, chacun selon la force de leur esprit, leur pouvoir, leur sagesse, & la sincerité de leurs intentions. Personne ne se met en peine de la semence cachée sous la terre; mais dés qu'elle commence à pousser, qu'elle fait paroître sa verdure, & que l'on connoît à ses feuilles que c'est un arbre fruitier, l'on en prend grand soin, & l'on en recueille du fruit dans la suite. De même, il est de l'interest des Rois, de cultiver & de favoriser les personnes vertueuses, parce qu'ils en reçoivent des services proportionnez aux bienfaits dont ils prennent soin de les récompenser. En cela, ils ressemblent au soleil qui darde ses rayons sur les épines & sur la terre, & qui produit des roses & des tulipes.

Demneh n'avoit pas encore achevé ce qu'il avoit à dire; mais

mais le lion l'interrompit pour lui demander de quelle maniere il croyoit que l'on pouvoit élever les personnes de vertu, pour en tirer les avantages qu'il disoit.

Sire, répondit Démoeh, la premiere maxime qu'un Monarque doit observer là dessus, c'est de ne pas s'arrêter à la naissance peu illustre, mais de s'attacher uniquement au mérite. Quelque noblesse éclatante qu'un sujet puisse avoir par une longue suite d'ayeuls, un Roy ne doit pas en faire estime, lorsqu'il ne correspond pas à cette splendeur, par des vertus & par de belles qualitez. La raison en est évidente; c'est que la vertu doit rendre l'homme recommandable, & que ce n'est pas une vertu d'avoir une grande naissance; un Auteur dit merveilleusement bien sur cette pensée : Fais parade de ta vertu, ne te fondes pas sur l'ancienneté de ton origine, ne produis pas un vivant par un mort, & ne donne pas un mort pour un vivant. Jeune homme ne vante pas ton pere qui n'est plus, & n'imite pas le chien, qui se fait un magasin d'os à ronger. Quoique les souris demeurent avec les hommes sous un même toît, on les poursuit neanmoins, & on les détruit autant que l'on peut, à cause du mal, & de l'incommodité que l'on en souffre ; mais l'on porte le faucon sur le poing, tout inconnu & tout étranger qu'il est, à cause du grand avantage que l'on en tire. C'est pour cela qu'un Roy ne doit pas user de ces termes : celui-ci m'est familier, je le connois, & je suis fait à ses manieres ; je ne connois pas celui-là, c'est un étranger. Le bien de ses Etats demande qu'il recherche les personnes distinguées par leur mérite, & qu'il fasse une grande difference entre eux, & ceux qui n'ont aucune connoissance des affaires ni aucune bonne qualité qui les rende considérables. Le plus grand inconvenient où il peut tomber, c'est de conferer à des personnes inhabiles, des charges qui doivent n'être confiées qu'à des personnes d'experience. La couronne est faite pour la tête, & les entraves sont destinées à arrêter les pieds. C'est un aussi grand mal de faire du bien à ceux qui ne le méritent pas, que de faire du mal aux gens de bien. En tout Etat où les personnes de vertu sont rebutées & méprisées, & où les ignorans au contraire, occupent les charges & sont en estime, les Rois & les sujets sont également malheureux. Le Huma, le plus noble entre toutes les especes d'aigles, & tous les autres oiseaux, n'honore jamais de sa présence, un pays où le vautour est plus estimé que le rossignol.

Ce dernier discours de Demneh, étoit extremement hardi, & tout autre Roy que le lion, qui n'eût pas eu les intentions droites comme lui, n'eût pû écouter tant de veritez sans s'en offenser. Mais le lion qui connut par là le mérite de Demneh, lui en sçut bon gré : Il le lui témoigna même en l'admettant dés lors au nombre de ses ministres, & de ceux qui appro-

& Fables Indiennes. 285
choient le plus prés de sa personne. Demneh de son côté employa son esprit, sa sagacité, son sçavoir, & son adresse avec bonheur dans les commissions dont il fut chargé ; en peu de temps il entra dans les secrets les plus réservez de son maître, & le lion, enfin, lui confera la charge de grand Vizir, & de premier ministre.

Aprés que Demneh se fut introduit de la sorte dans la confiance entiere du lion, il crut avoir la liberté de lui demander à lui-même ce qui l'obligeoit d'être si triste depuis quelque temps, & il se promit de mériter davantage ses bonnes graces, s'il pouvoit le délivrer de l'embarras où il étoit, lorsqu'il en auroit connu le sujet. Dans ce dessein, comme il étoit un un jour avec lui, dans une audience particuliere, il lui parla en ces termes : Sire, j'ai remarqué depuis longtemps, que votre Majesté ne sort plus de son palais, qu'elle ne fait d'exercice, & se prive de la chasse, qu'elle aimoit avec tant de passion. Je la supplie d'agréer la liberté que je prens, de lui demander quelle peut en être la cause ? Si quelque chose lui fait de la peine, le zele que j'ai pour employer le peu que je puis à son service, m'excite à lui faire cette demande.

Le lion sentoit si bien la foiblesse qu'il y auroit de découvrir à Demneh le sujet du changement de sa conduite, qu'il ne lui en eût rien dit absolument, si Choutourbeh n'eût encore beuglé dans le moment qu'ils étoient

& Fables Indiennes. 287

ensemble. La frayeur fit tout de nouveau un effet si puissant sur lui, que Demneh se seroit apperçu de ce qui la causoit, quand il eût persisté à le dissimuler plus longtemps; il lui avoua la chose comme elle étoit: C'est, lui dit-il, le bruit que vous venez d'entendre, qui fait le sujet de mon trouble. Je ne sçai pas, qui peut être celui qui le fait; mais j'avoue que j'en suis allarmé, & qui que ce puisse être, ma pensée est que sa force est égale à sa voix: si cela étoit, il faudroit abandonner ces lieux.

Demneh qui avoit beaucoup d'experience, & qui méritoit le poste qu'il occupoit, s'il eût eu moins d'ambition, chercha à rassurer le lion. Il lui demanda si quelqu'autre sujet l'obligeoit de prendre cette résolution.

N'est-ce pas, repartit le lion, un sujet suffisant pour la prendre, que d'être continuellement dans la frayeur & dans l'inquiétude ? On ne sçauroit prendre trop de précaution, lorsqu'il s'agit de se mettre en état de ne rien craindre.

Sire, repliqua Demneh, il ne seroit pas honnête à votre Majesté d'abandonner pour si peu de chose, un Etat qui lui appartient par succession, & où elle a pris naissance. Voix, bruit, cri, tintamare, rien de tout cela ne doit jamais réduire un Monarque à abandonner son royaume, son heritage & sa patrie : Ceux qui sont dans les hautes dignitez, & les Rois particulierement, doivent être aussi fermes & aussi inébranlables que les montagnes, & ne s'effrayer
de

de rien. Les Sages disent, que l'on ne doit s'arrêter ni à bruit épouvantable, ni à grosseur de corps, parce que le plus souvent cela ne signifie rien, & qu'il ne faut pas s'imaginer qu'il y ait du mystere caché en tout ce que l'on ne comprend pas d'abord. Quelque gros que soit un roseau, on le met aisément en pieces. La grue est grande & grosse ; mais le faucon tout petit qu'il est, ne laisse pas de la maltraiter avec son bec & les griffes. Qui se laisse prévenir par la grosseur, peut tomber dans la même disgrace qu'un certain renard qui fut pris pour dupe. Le lion témoigna qu'il desiroit d'entendre cette fable, & Demneh la lui raconta.

# LE RENARD
# ET
# LE TAMBOUR.
### FABLE.

UN renard, continua-t-il, pressé de la faim, rôdoit dans un bois & cherchoit quelque proie. Par hazard il arriva prés d'un arbre, où l'on avoit attaché un tambour. Une branche agitée par le vent frapoit dessus de temps en temps, & faisoit un grand bruit en cet endroit là, il apperçut un coq orné d'une belle crête & d'un beau plumage, qui marchoit gravement sur l'herbe, avec un nombre de poules. Le renard ne courut pas d'abord sur le coq, il n'étoit pas encore à portée, il se mit seulement en embuscade pour prendre son temps, & ne le pas manquer. En ce moment, ses oreilles furent frapées du son du tambour, qu'il n'avoit pas encore entendu. Il regarda du côté d'où il venoit, & il apperçût un gros corps qu'il prit pour quelque chose de propre à s'en bien régaler. Il cessa d'observer le coq, & il sortit de l'embuscade pour aller droit à l'arbre. Comme il ne put le faire sans bruit, le coq l'entrevit & se sauva avec ses poules.

Le renard monte sur l'arbre avec beaucoup de peine, & se pose sur le tambour, qu'il brisa avec ses dents. Mais il ne trouva que du vent, & rien autre chose que du bois sec, & une peau qui n'avoit aucun goût, & qui étoit incapable de le rassasier. Le dépit & la douleur succederent à sa vaine joye : Malheureux que je suis, dit-il, pourquoi me suis-je laissé tromper par une chose qui devoit me tromper le moins, pour abandonner une proie dont j'étois comme le maître ? Il ne faut pas se fier aux apparences ; le tambour avec le bruit qu'il fait, n'est rempli de rien.

Sire, ajouta Demneh, j'ai apporté cet exemple à votre majesté, afin qu'elle ne s'étonne pas de la voix extraordinaire qu'elle a entendue, & que cela ne la prive pas du divertissement de la chasse. Si elle veut me charger de la commission, j'irai voir moi-même qui en est l'auteur, & je lui en rapporterai la vérité en peu de temps. Le lion agrea à la bonne volonté de Demneh, qui partit sur le champ, & marcha du côté d'où la voix s'étoit fait entendre.

A peine Demneh ne paroissoit plus, que le lion se plongea dans une profonde rêverie, & se repentit de ce qu'ils venoit de faire. Je viens de commette une grande faute, dit-il en lui même, & je m'expose à un inconvenient terrible. Les politiques sur toute chose, recommandent aux souverains de ne pas communiquer les secrets qui regardent leurs personnes, à neuf sortes de gens, & de bien se garder de les admettre dans aucunes de leurs affaires personnelles. Ce sont ceux qui ont reçu quelque mauvais traitement à leur cour, sans avoir rien fait qui le méritât ; ceux qui ont perdu leurs biens ou leur réputation à leur service, & qui sont demeurez dans le mépris ; ceux qui après avoir été chassez & privez de leurs charges, ont été absolument éloignez des affaires de l'Etat, sans espoir de jamais y rentrer ; les séditieux & les médisans ; ceux qui sçavent que l'on a fait grace à d'autres qui avoient commis la même faute qu'eux, dans le temps qu'on leur a fait subir le châtiment ; les criminels d'Etat qui ont été châtiez plus rigoureusement que leurs complices ; ceux qui après de longs services, & une fidélité reconnue, demeurent privez des graces & des bienfaits du Prince, pendant que ceux qui ont moins fait qu'eux, sont récompensez & honorez ; ceux qui ont préferé leurs propres interests aux interests du Prince ; ceux enfin, qui aprés avoir méprisé l'honneur de servir leur Prince, se sont jettez dans le parti des ennemis, & qui ont eu de l'emploi parmi eux.

Non-seulement les Princes ne doivent pas se découvrir à ces sortes de personnes; ils ne doivent pas même le faire à personne dont ils n'ayent éprouvé plusieurs fois la religion, la droiture, la sincerité & la confiance qu'ils doivent leur donner. Je ne suis donc pas excusable d'avoir été si prompt à déclarer à Demneh, ce que je tenois caché, avant de l'avoir bien examiné. Il paroît fin & adroit, & il y a du temps qu'on ne le voïoit pas à ma cour. S'il avoit le cœur offensé de quelque mécontentement que je ne puis connoître, il pourroit bien se servir de cette occasion pour causer du trouble. En effet, si celui que Demneh va trouver est mon ennemi, & qu'il reconnût en lui plus de forces que je n'en ai, ne pourroit-il pas abandonner mon service, se donner à lui, & lui révéler le secret de ma frayeur, dont il a connoissance ? Quoiqu'il en soit, mon imprudence peut lui donner ouverture à beaucoup de méchancetez, ausquelles il me seroit impossible de m'opposer. Je devrois n'avoir pas oublié la maxime qui enseigne, que c'est procurer sa sûreté que de se méfier ; ni celle d'un Sage, qui dit : N'ayez pas la conscience méchante ; mais ayez de la méfiance, vous ne serez ni surpris ni trompé. Si après la démarche que je viens de faire, il m'arrive du malheur, j'ai fait le mal moi-même, & j'aurois tort de me plaindre de personne. Ces pensées l'agiterent long-temps, & il en étoit si fort épouvanté, & dans un si grand chagrin, qu'il ne pouvoit demeurer en place. Il s'asséoit, il se levoit & marchoit à grands pas avec la plus grande inquiétude que l'on puisse imaginer. On vint lui annoncer enfin, que Demneh étoit de retour de sa commission, & qu'il n'étoit pas loin. Cela le remit, & dissipa un peu l'embaras où il étoit.

Demneh arriva quelques momens aprés, & en s'approchant il dit respectueusement au lion : Sire, le ciel soit toûjours favorable à votre Majesté. Que la felicité éclate à la porte de son

Palais comme un Soleil, & que rien ne traverse jamais son bonheur. L'animal de qui votre majesté a entendu la voix si terrible, & qui a troublé son repos, n'est autre chose qu'un bœuf qui paît dans le voisinage de cette forest. Il est puissant, de haute taille, d'un abord facile, d'une couleur agreable, & d'un embonpoint qui fait plaisir à le voir : mais son courage ne correspond pas à une si belle apparence. Sa passion dominante est de manger, de boire & de dormir; & toute son ambition se borne à mener une vie tranquille.

A quoi, demanda le lion, avez-vous connu que cet animal aussi puissant que vous le représentez, a peu de forces ?

Sire, répondit Demneh, c'est

qu'avec cette belle apparence, comme je l'ai dit à votre majesté, je n'ai rien remarqué en lui, qui m'oblige de croire qu'il soit vaillant, & je suis caution que ce n'est pas un animal redoutable, ni qui mérite que l'on prenne des précautions pour se garder de lui.

Afin de ne pas se tromper, reprit le lion, il est mieux de ne pas croire qu'il est si foible. Quoique le vent ne fasse pas de mal à l'herbe qui plie devant lui, il arrache neanmoins les arbres les plus gros & les plus puissans. Les plus braves ne font paroître ce qu'ils sont, que dans le champ de bataille, tête à tête devant leurs ennemis. Le faucon ne vole pas sur les perdrix, qu'il n'ait des aîles & des plumes, & le griffon ne s'amuse pas à chasser aux mouches.

Sire, repartit Demneh, ce que j'ai eu l'honneur de rapporter à votre Majesté, n'est que trop veritable, & elle peut s'assurer que j'ai assez de penetration, pour avoir connu d'abord cet animal à fond. Si elle le juge à propos, & si elle me l'ordonne, j'espere de faire si bien par mes discours, que je l'amenerai au pied de son trône. Alors, elle en disposera à sa volonté, & je suis garant qu'il fera tout ce qu'elle pourra souhaiter pour sauver sa vie. Le lion joyeux de cette assurance, lui donna ordre de le faire venir.

Demneh qui sçavoit bien comment il se tireroit d'affaire, ne en fit pas une d'obéir au lion, sans autre détour, avec une grande confiance sur son éloquence, & appuyé de l'autorité du lion, il alla droit à Choutourbeh, qu'il salua civilement, & lui demanda d'où il venoit, ce qui l'avoit obligé de quitter son pays, pourquoi il étoit venu en ces quartiers, & quelle raison il avoit de s'y arrêter. Choutourbeh répondit de point en point à toutes ces demandes avec naïveté, en exposant son avanture par le détail. Quand il eut achevé, Demneh prit un ton grave & serieux : Le Roy de ce pays, lui dit-il, est un lion si vaillant, que le lion même du Zodiaque n'est rien en comparaison de lui, & que l'éléphant tremble à le voir. Je viens de sa part vous signifier de venir le trouver, & vous déclarer que la diligence que vous apporterez à venir vous présenter devant lui, l'obligera de vous pardonner la négligence que vous avez eue de ne vous pas acquitter plûtôt de ce devoir, & sur votre refus, j'ai ordre de retourner incessamment pour lui en donner avis.

Au nom d'un lion tel que Demneh venoit de le dépeindre : Je suis prêt, répondit Choutourbeh, d'obeir au commandement que vous m'apportez. Je n'eusse pas attendu si longtemps à m'acquitter de mon devoir, si j'eusse pû deviner que j'étois sur les terres d'un Monarque si puissant. Je vous supplie de me le rendre favorable, & d'employer votre credit pour me procurer l'honneur d'être de sa cour. Demneh lui donna là dessus toute sorte d'assurance avec joye, & d'une maniere qui le persuada de sa sincerité. Ils se mirent en chemin, & ils arriverent bien-tôt au Palais du lion, Demneh prit le devant, & aprés avoir annoncé à son maître le succès de sa commission, il revint avec l'ordre de faire entrer le bœuf. Choutourbeh entra, & rendit ses respects au lion, avec protestation d'une soumission entiere à ses volontez. Le lion lui fit un accueil aussi honnête qu'il pouvoit souhaiter, & lui demanda depuis quand il étoit arrivé dans le pays, & quel motif il avoit eu d'y venir, à quoi Choutourbeh répondit, en lui faisant le même récit qu'il avoit fait à Demneh; Vous êtes le bien venu, lui dit le lion, j'aurai soin que l'on vous rende tous les honneurs dûs à un hôte de votre consideration. La paix & le bonheur vous accompagnent. Vous pouvez demeurer avec nous. Vous y trouverez toute sorte de faveurs & de bien-veillance de notre part. Nos bienfaits s'étendent generalement sur tous ceux qui composent notre cour. Personne aussi n'a sujet de se plaindre dans l'étendue de nos États, par le soin que nous prenons de faire en sorte que chacun soit content. A ce discours obligeant, Choutourbeh répondit seulement par des vœux pour la prosperité du lion, par des louanges, & par la protestation du desir de lui donner des marques de son zele, par son assiduité & par la fidélité de ses services.

En effet, le lion n'oublia rien pour rendre le séjour de sa cour agréable à Choutourbeh. Il lui donna d'abord un rang parmi ceux qui l'approchoient. Peu de temps

& Fables Indiennes. 305
temps après il l'avança & l'honora davantage, à mesure qu'il reconnut l'affection avec laquelle il étoit attaché à lui plaire.

Comme il avoit toujours les yeux sur lui, & qu'il l'observoit & l'examinoit jusques dans les moindres choses, il s'apperçut qu'il étoit non-seulement irreprochable en ses mœurs & en ses actions; mais même qu'il avoit infiniment de l'esprit, de la pénétration, une conduite admirable, & de plus une grande experience en toutes choses, aprés l'avoir consulté & éprouvé en plusieurs affaires. Cela l'obligea de lui donner toute son estime, & de l'employer en plusieurs charges considerables, & enfin de le déclarer son grand Vizir, son premier Ministre, & de lui confier tous les secrets de
Ce

l'Etat. Il lui confera en même temps l'autorité neceſſaire pour gouverner ſous ſes ordres.

Choutourbeh remplit ſi bien tous les devoirs de ſa charge par une application également juſte, exacte & reguliere ſur toutes les affaires, que le lion à la fin n'eut plus rien de réſervé pour lui, & qu'il n'agiſſoit plus que par ſon canal à l'excluſion de tous les autres Miniſtres & Conſeillers d'Etat, qui en murmurerent & en témoignerent leur mécontentement.

Le dépit de Demneh, à l'occaſion de l'élévation de Choutourbeh à ſon préjudice, fut au deſſus de tout ce que l'on en pourroit dire. Lorſqu'il ſe vit ſupplanté par un étranger, à la fortune duquel il avoit contribué lui-même, il ne put ſouffrir qu'il possedât lui seul la faveur & les graces du lion. L'envie & la jalousie s'emparerent de son cœur si fortement, qu'il passoit les nuits sans dormir, & les jours dans des agitations continuelles, qui le tourmentoient & lui ôtoient le repos. Il ne put enfin se contraindre davantage, il chercha à se soulager, en déclarant son ressentiment, & en se plaignant de son malheur en toute liberté. Pour se contenter, il s'adressa à Kelileh, & lui parla en ces termes:

Mon frere, n'admirez-vous pas le peu de bon sens & d'esprit que j'ai eu. Je m'étois proposé de me mettre entierement dans les bonnes graces du Roy, & je croyois y avoir assez bien réussi par mon adresse à lui amener & à lui livrer Choutourbeh, qu'il redoutoit. Mais Choutourbeh s'est emparé de l'esprit de sa majesté, d'une maniere qu'elle ne me regarde plus, ni personne de ses courtisans, & qu'elle n'a de consideration que pour cet étranger. Ainsi me voila chassé & éloigné du premier rang que j'occupois à sa cour.

A qui vous plaignez-vous, répondit Kelileh? Ne vous êtes-vous pas attiré cette disgrace vous-même? Pourquoi vous êtes-vous mis cette épine au pied? Il vous est arrivé justement la même chose qu'à un certain Derviche. Qu'arriva-t-il à ce Derviche, demanda Demneh? Ecoutez, reprit Kelileh, je vais vous l'apprendre.

Tome 1.<sup></sup>p.<sup></sup>

# LE DERVICHE
# ET
# LE VOLEUR.
### CONTE.

UN Roy, dit Kelileh, fit un jour préfent d'une robe de grand prix à un Derviche; un voleur des plus fins & des plus adroits en eut nouvelle, & conçut auſſi-tôt le deſſein de la lui enlever. Pour le faire réuſſir, il alla trouver le Derviche à ſon hermitage, & le pria de le recevoir à ſon ſervice & ſous ſa diſcipline, en feignant qu'il vouloit abandonner le monde, & apprendre de lui les maximes de la vie spirituelle. Le Derviche le reçut avec beaucoup d'humanité ; mais au bout de quelques jours le voleur abusa de l'estime & de la confiance qu'il s'étoit déja acquise auprés du Derviche, il s'empara de la robe une belle nuit, & disparut.

Le lendemain au matin quand le Derviche ne vit plus ni le novice, ni la robe, il n'eut pas de peine à juger que le novice étoit un voleur, & qu'il l'avoit emporté. Pour tâcher d'en avoir nouvelle, il sortit aussi-tôt de son hermitage, & prit le chemin de la ville. Occupé de la perte qu'il avoit faite, comme il marchoit avec action, il rencontra deux béliers qui se battoient & qui se heurtoient la tête si furieusement l'une contre l'autre, que le sang ruisseloit des blessures qu'ils se faisoient, & un renard qui se trouva là par hazard, lechoit le sang répandu sur le champ de bataille. Les béliers animez continuoient le combat, & ils avançoient tête baissée l'un contre l'autre. Aprés plusieurs Assauts, le renard se rencontra entre eux, ils le heurterent en même temps chacun d'un coup si furieux par le milieu du corps, qu'ils lui creverent le cœur, & qu'il demeura mort sur la place. Un accident si peu ordinaire, surprit le Derviche qui en fit le profit qu'il devoit, & passa outre.

Il étoit si tard lorsqu'il arriva à la ville, qu'il trouva les portes fermées, & qu'il fut obligé de chercher un logement dans le fauxbourg. Une femme, qu par hazard avoit la tête à la fenêtre, se douta qu'il cherchoit un lieu de retraite, elle l'appella & lui offrit de le recevoir chez elle. Le Derviche accepta l'offre, & la femme aprés l'avoir regalé à souper, l'introduisit dans un endroit, où il se mit à reciter ses prieres avant que de se coucher.

La femme qui l'avoit appellé & reçu avec tant de charité, n'étoit pourtant pas de celles qui menent une vie reglée, & qui ont soin de leur réputation. Elle faisoit au contraire profession de tenir chez elle de belles filles pour le plaisir des jeunes débauchez. Une de celles qu'elle avoit alors dans sa maison, étoit aimée par un cavalier du voisinage avec tant de passion, qu'il ne vouloit pas que personne que
lui

lui la vît. Comme la maîtresse du logis n'y trouvoit pas son compte, & que le cavalier par sa jalousie éloignoit toutes ces pratiques, elle chercha le moïen d'executer un dessein détestable, dont l'occasion se présenta la même nuit qu'elle venoit de retirer le Derviche chez elle, mais sa méchanceté retomba sur elle-même.

Elle avoit trouvé le secret d'enivrer le cavalier & sa maîtresse : lorsqu'elle les vit endormis, & qu'elle crut que tout le monde dormoit chez elle, elle mit du poison dans un tuyau de roseau, prit le tuyau à la bouche par un bout, & porta l'autre au nez du cavalier pour y souffler le poison, afin qu'il lui montât au cerveau, & qu'il l'étouffât. Mais dans le moment qu'elle alloit souffler, le cavalier éternua avec tant de vehemence, que son souffle fit entrer tout le poison dans la bouche de la femme jusqu'au gosier. Le poison fit son effet avec tant de violence, qu'elle mourut en peu de momens, & par sa mort elle confirma la maxime qui porte, que celui qui creuse une fosse pour y faire tomber son frere, y tombe lui-même.

Le Derviche témoin de cette avanture, trouva cette nuit si funeste, extraordinairement longue, & il n'en vit la fin qu'avec des peines inconcevables; le jour parut enfin, & il sortit d'un lieu si pernicieux. Il entra dans la ville, & comme il cherchoit un autre gîte, il eut à sa rencontre un cordonnier, qui par une veneration envers les

Derviches, se fit un plaisir de le mener chez lui, & d'ordonner à sa famille de prendre soin de lui, & de le bien régaler, pendant qu'il étoit obligé de faire compagnie à quelques amis qui l'avoient invité à un régal.

La femme du cordonnier avoit une intrigue d'amour avec un cavalier, qui n'avoit pas moins d'amour pour elle, qu'elle en avoit pour lui. Leur entremetteuse étoit la femme d'un chirurgien, si adroite & si insinuante, qu'elle eût été capable par ses discours, d'accorder le feu & l'eau, de faire descendre les étoiles du ciel en terre, d'amollir l'acier comme de la cire, & de réduire en poussiere le rocher le plus dur, si elle s'en fût mêlée. La cordonniere ne vit pas plûtôt que son mary s'absentoit, qu'elle prit cette occasion pour se divertir, & qu'elle manda à la chirurgienne de donner avis à son amant de venir la nuit suivante, en l'assurant que rien ne troubleroit leurs plaisirs, que les mouches ne l'empêcheroient pas de goûter le sucre dont elle vouloit le régaler, & qu'elle seroit seule avec lui.

La nuit vint, & sur l'avis le cavalier ne manqua pas de venir au rendez-vous. Mais dans le temps qu'il étoit à la porte, & qu'il attendoit que la cordonniere ouvrît, le cordonnier ariva & l'apperçut. Comme il avoit déja du soupçon de ce qui se passoit, il ne fut pas plûtôt entré chez lui ardent de colere, qu'il pensa assommer sa femme de coups, non content de ce traitement, il l'attacha à un pi-

& Fables Indiennes. 317
lier, & il se coucha.

Cela scandalisa fort le Derviche, qui crut d'abord que le cordonnier battoit sa femme par caprice, ou parce qu'il avoit bû, & il se reprocha de ne s'être pas présenté pour empêcher ce desordre. Il étoit encore occupé de cette pensée, lorsqu'il entendit la voix de la chirurgienne qui avoit trouvé la porte ouverte par la précipitation du mari qui ne l'avoit pas fermée. Voisine, crioit-elle à la cordonniere d'une voix basse : Voisine, à quoi pensez-vous, pourquoi vous faites vous attendre si longtems ? C'est une honte, venez vîte & ne perdez pas l'occasion. La cordonniere l'appella d'une voix triste, & quand elle fut prés d'elle : Voyez, lui dit-elle, l'état où je suis, & si vous êtes raisonnable

D d iij

de me reprocher ma négligence? Mon mari a vu l'ami à la porte, il est venu à moi comme un démon enragé, il m'a battue cruellement, & liée comme vous voyez, & il dort présentement. Elle ajouta avec de grands soupirs: Si dans ce miserable état je pouvois vous toucher de compassion, vous me détacheriez, & vous souffririez que je vous attachasse à ma place, pendant que j'irois m'excuser d'avoir fait attendre mon amant si longtems, & je reviendrois d'abord vous délivrer & me remettre à la même place, vous feriez aussi plaisir à celuy que j'aime, qui ne manqueroit pas de vous en témoigner de la reconnoissance. Par amitié & par compassion, la chirurgienne lui accorda ce qu'elle demandoit, & se laissa atta-

& Fables Indiennes. 319

cher. La cordonniere alla trouver le cavalier qui l'attendoit avec impatience; & alors le Derviche qui entendoit tout ce qui se passoit, comprit le sujet de la colere du mary, & jugea qu'il n'avoit pas tort.

Pendant que la cordonniere étoit dehors, le cordonnier s'éveilla & l'appella; la chirurgienne se garda bien de répondre, parce qu'elle eût tout gâté. Aprés avoir appellé plusieurs fois sans tirer aucune parole, l'impatience prend au cordonnier, il se leve, court à la chirurgienne qu'il croyoit être sa femme, avec un coûteau à la main, lui coupe le bout du nez, & le lui met dans la main : Envoye cela à ton galant, luy dit-il, c'est un beau présent à lui faire. La pauvre chirurgienne, de la peur

Dd iiij

qu'elle avoit d'être découverte, souffrit cet outrage sans ouvrir la bouche, en disant en elle-même : Etrange avanture ! Le personnage que je fais est singulier ; la cordonniere se divertit, & moi j'en porte la peine.

La cordonniere enfin retourna, & fut extremement affligée, quand elle sçut que son amie étoit sans nez. Comme elle ne pouvoit réparer ce qu'elle venoit de souffrir pour elle, elle lui en demanda mille pardons les larmes aux yeux. Elle se remit à sa place, & se fit attacher comme auparavant. La chirurgienne, qui n'avoit pas d'autre parti à prendre, retourna chez elle dans une inquiétude extrême de sçavoir de quelle maniere elle déguiseroit la chose à son mary.

La cordonniere rattachée au pilier, rompit le silence au bout d'une heure, & adressant cette priere à Dieu à haute voix, afin que son mary l'entendît : Seigneur, dit elle, qui commandez dans tout l'Univers, Dieu createur de toutes choses, Dieu Tout-Puissant, qui maintenez & qui conservez toutes les creatures, rien ne vous est caché ; la verité vous est connue ; vous sçavez que mon mary m'a fait ce mauvais traitement par une action condamnable, & pour un fait dont je suis innocente. C'est pour cela que j'implore votre bonté & votre misericorde. Je vous supplie de rétablir cette partie de mon visage, qui en faisoit l'ornement, comme elle étoit auparavant. Faites paroître mon innocence avec éclat ; ôtez le voile de l'imposture qui la cache, & délivrez-moi d'une infamie qui va me deshonorer pour jamais, si je parois devant le monde en l'état où je suis.

Le mari qui s'étoit éveillé, & qui avoit entendu cette priere d'hypocrite: Effrontée, lui crit-il, infame, quelle sorte de priere adresses-tu à Dieu? Ne sçais-tu pas que les prieres des femmes impures ne sont pas reçues à son tribunal, & que la Cour céleste est une Cour, où les impudiques ne sont pas écoutées? Pour être exaucée, il faudroit que tu eusses la bouche pure & le cœur net.

La femme sûre de son fait, interrompit le mari: Leve-toi, cruel, s'écria-t-elle; viens & vois une marque de la puissance infinie de Dieu, qui a eu pitié de mon malheur, & qui a exaucé ma priere, afin que mon innocence soit connue. Oui, Seigneur, vous sçavez que je suis innocente, & je vous remercie mille fois de la grace que vous me faites, & de ce que vous me lavez du deshonneur dont j'allois être noircie.

A ce discours, le mari qui ne sçavoit pas la fin de l'avanture, & qui jamais ne se fût douté d'une si grande malice, se leve avec grand étonnement, allume de la lumiere, & voit en effet que sa femme avoit le nez en son entier : J'ai tort, lui dit-il, en la déliant, & je vous demande pardon : Jamais il ne m'arrivera de vous traiter de la sorte, je vous laisse le gouvernement du ménage, & la liberté entiere de faire ce que vous voudrez.

La chirurgienne avec le nez coupé, étoit chez elle dans une grande inquiétude, & elle cherchoit de quelle maniere elle cacheroit son malheur, quel prétexte elle donneroit à son mary, à ses parens, & aux voisins, & comment elle se tireroit d'affaire. Elle étoit encore plongée dans ces pensées & dans l'irrésolution, lorsqu'un peu avant le jour le chirurgien qui s'étoit éveillé, se leva & demanda son étui pour aller penser une plaie. La chirurgienne lui dit de se donner patience, le fit attendre longtemps ; & comme le mary la pressoit, elle tira un rasoir de l'étui & le lui jetta en grondant, & en demandant si c'étoit ce qu'il vouloit. Le mari qui étoit déja dans l'impatience, lui rejetta le rasoir avec des injures, & c'étoit ce qu'elle demandoit. Elle prit avantage de ce qu'il n'étoit pas encore jour, & se mit à crier; ah ciel! j'ai le nez coupé; & en même temps elle se jetta contre terre, & se roula par la chambre avec grands cris. Le mari demeura confus, & les voisins & les parens qui accoururent dans un grand étonnement de voir sa femme sans nez & toute en sang. Ils chargerent le mary d'injures, & le mary étoit tellement confus, qu'il ne pouvoit même ouvrir la bouche, pour nier ou avouer le fait. Le jour parut, & les parens assemblez se saisirent de lui, & le conduisirent au Juge, chez qui le Derviche étoit déja, parce qu'il étoit sorti de chez le cordonnier de grand matin, pour faire des pourſuites contre le prétendu novice qui l'avoit volé.

Les parens expoſerent le fait au Cadis, qui demanda au chirurgien, pourquoi il avoit traité ſa femme d'une maniere ſi barbare, & parce qu'il ne put apporter une cauſe legitime, il alloit le condamner à la mort, ſi le Derviche qui ſçavoit ſon innocence, ne ſe fût approché & n'eût pris la parole : Seigneur, dit-il au Cadis, cette affaire mérite plus d'attention que vous n'en donnez. Ce n'eſt pas le voleur qui a emporté ma robe, les béliers n'ont pas tué le renard, ce n'eſt pas auſſi le poiſon qui a fait mourir la méchante femme, ni le cordonnier qui a coupé le nez de la chirurgienne. Nous ſommes tous nous-mêmes la cause de ces différens évenemens. A ces mots le Cadis se tourna de son côté : Ce que vous venez de dire, lui dit-il, est une enigme que l'on ne peut entendre si vous ne l'expliquez.

Pour développer toute l'affaire, le Derviche raconta ce qui lui étoit arrivé, & toutes les choses dont il avoit été témoin ; & en finissant, il ajoûta : Si je ne m'eusse pas laissé prévenir par l'ambition de faire des disciples, je n'eusse pas reçu un voleur dans mon hermitage, & je ne lui eusse pas donné lieu de me faire le vol qui m'a amené ici. Si le renard n'eût pas été gourmand & avide de sang, les béliers ne l'eussent pas écrasé ; la méchante femme ne se fût pas donné la mort à elle-même, si elle n'eût pas entrepris de faire mourir le cavalier; & le cordonnier n'eût pas coupé le nez à la chirurgienne, si elle ne se fut mêlée du négoce infâme que je viens de vous raconter. Pour conclusion, rien n'est plus vrai que ce que nous sçavons tous : Ne faites pas de mal on ne vous en fera pas. Par le récit de cette histoire, ajouta Kelileh en achevant, vous pouvez comprendre que vous vous êtes attiré le mal dont vous vous plaignez. Il falloit demeurer dans l'état où vous étiez, cela ne vous fût pas arrivé. De qui avez-vous à vous plaindre, si ce n'est de vous-même ?

Vous avez raison, repartit Demneh, je suis moi-même la cause du mal que je sens. Mais, cela ne doit pas empêcher que vous ne me disiez là dessus, quel

& Fables Indiennes. 325

quel est votre conseil, & ce que vous croyez que je devrois faire pour réparer mon malheur.

Vous sçavez, repliqua Kelileh, que je n'ai nullement consenti à ce que vous avez fait, & que je vous ai déclaré que je ne voulois pas m'en mêler. Je vous répete la même chose, & je me garderai bien de le faire, en quelque maniere que ce soit. Songez-y vous-même, c'est votre affaire. Vous n'ignorez pas le bon mot qui dit, que chacun fait mieux ses affaires qu'aucun autre.

Quand Demneh vit que Kelileh ne vouloit pas s'ouvrir davantage : Et moi, lui dit-il, je déclare que mon dessein est d'employer tous mes efforts pour faire chasser le bœuf, non seulement du poste où il est, & le faire éloigner de la préfence du Roy, mais même pour le faire bannir hors de l'Etat, & peut-être qu'il pourra bien en arriver un plus grand malheur. Je ne prétens pas que l'on puiffe me reprocher d'avoir manqué de courage en cette occafion. Les habiles politiques & les gens d'efprit, ne me le pardonneroient jamais, fi j'en demeurois là. A le bien prendre, ma caufe eft jufte. Je demande à rentrer dans un bien que je puis dire m'appartenir. Je cherche ce que je poffedois déja, & ce qui eft d'ailleurs à ma bienféance. En bonne politique, l'on peut faire cinq chofes librement, avec l'approbation de tout le monde, demander la charge dont on étoit en poffeffion, fe garder de retomber dans l'inconvenient où l'on est une fois tombé, conserver ce que l'on a acquis, employer toute son industrie à se délivrer du mal que l'on souffre, & enfin, amasser du bien, & repousser le mal lorsque l'occasion s'en présente. L'intention que j'ai, est aussi de tâcher de rentrer dans la charge que j'avois ci-devant, & de me voir dans la même situation où j'étois. Pour cela, il faut que je réduise le bœuf à l'extremité, ou de perdre la vie, ou de quitter la place. Je ne suis pas de pire condition que le moineau qui se vengea d'un éprevier, dont je vous raconterai l'histoire si vous le souhaitez. Voyons, dit Kelileh, je vous écoute.

# LES DEUX MOINEAUX ET L'EPREVIER.

## FABLE.

DEUX moineaux, poursuivit Demneh, avoient leur nid sur un arbre où ils vivoient ensemble, & se contentoient du grain & de l'eau qu'ils trouvoient dans le voisinage. Mais l'arbre étoit au pied d'une montagne, herissée de rochers escarpez, au haut de l'un desquels un éprevier s'étoit niché. L'éprevier s'étoit fait une coûtume de venir fondre sur leur nid, &

d'enlever leurs petits l'un aprés l'autre, du moment qu'ils avoient des plumes, & qu'ils commençoient à voler. Nonobstant cette traverse, l'amour de la patrie étoit si forte dans le cœur des moineaux qu'ils ne pouvoient se résoudre de l'abandonner, & qu'ils aimoient mieux souffrir le mal que l'éprevier leur faisoit, que de changer de demeure.

Un jour leurs petits commençoient de voltiger, & ils les regardoient faire leur premier essai, avec un plaisir incroyable ; mais la pensée de l'éprevier qui leur vint à l'esprit en ce moment, changea leur joye en tristesse & en des lamentations. Celui des petits qui avoit plus de vivacité que les autres, s'apperçut de ce changement, & leur en demanda le sujet. Le mâle prit la parole : Cher fils, répondit-il, portion de notre cœur, ce n'est pas à nous qu'il faut faire cette demande, addresse toi aux larmes qui coulent de nos yeux; elles seront nos interpretes, & elles suppléeront à notre défaut. Alors il lui fit comprendre la cause de leurs pleurs, en lui apprenant la cruauté de l'éprevier.

Le petit moineau qui avoit déja beaucoup de connoissance pour son âge : Mon pere, reprit-il, agréez je vous prie ce que je prens la liberté de vous dire. Quoique les créatures de Dieu ne doivent pas se soustraire de la soumission aux decrets de sa Toute-Puissance; ce même Dieu neanmoins qui a donné l'être à toutes choses, a aussi assigné un remede à chaque mal & à chaque plaie, une maniere de la guérir : au lieu que jusques à présent, il ne paroît pas que vous ayez rien fait pour détourner le mal, qui renouvelle votre douleur, & que vous craignez encore; si vous faites au moins ce qui sera en votre pouvoir, il y a à esperer que vous empêcherez qu'il n'arrive plus, & que vous vous délivrerez de ce chagrin.

Cet avis plut aux moineaux, & le mâle pendant que la femelle resta pour prendre soin des petits, prit son vol, résolu de chercher quelque moyen d'arrêter le cours de l'insolence de l'éprevier. Il vola quelque tems, & dans la pensée qu'il avoit : De quel côté, disoit-il, tournerai-je ? A qui m'adresserai-je, pour raconter mon affliction ? En ce moment, par une disposition de Dieu, il apperçut une Salamandre qui sortoit d'un lieu souterain, dont des flammes s'élevoient, & qui prenoit son chemin par la campagne. En la voyant, je veux, dit-il, m'adresser à cet animal; nonobstant ce qu'il a d'affreux & de surprenant en sa figure, peut-être me dira t-il quelque chose qui servira à me tirer d'affaire. Il vola vers la salamandre, s'approcha d'elle, & la salua avec respect, la Salamandre de son côté lui fit de grandes civilitez. La Salamandre n'attendit pas que le moineau lui parlât, elle prit la parole la premiere. A vous voir, lui dit-elle, il paroît que vous êtes triste, & que vous avez quelque chose dans l'esprit qui vous

& Fables Indiennes. 337
vous chagrine. Si vous êtes fatigué, vous pouvez vous arrêter, & vous reposer près de moi, ou si vous avez quelque mal, vous pouvez me le découvrir, j'aurai peut-être quelque remede à vous donner. Le moineau lui fit le récit du sujet de ses douleurs, d'une maniere si touchante, que les rochers les plus durs y eussent été sensibles. Elle en fut touchée, & indignée de la cruauté de l'éprevier : Ne vous affligez pas davantage, lui dit-elle, je vous délivrerai de cette tyrannie, & dès cette nuit, j'irai mettre le feu à son nid, & je vous suis caution que lui & le nid seront consumez. Dites-moi seulement où je vous trouverai, afin que vous me serviez de guide, & sans vous arrêter ici plus longtemps, retournez chez vous,

F f

vous y apprendrez de mes nouvelles. Le moineau lui donna son adresse, & après avoir pris congé d'elle, il retourna à ses petits avec grande joie.

Lorsqu'il fut nuit, la Salamandre à la tête de plusieurs autres Salamandres armées de souffre & de bithume enflammé, se mit en chemin & prit en passant le pere & la mere des petits moineaux, qui la conduisirent au nid de l'éprevier, plongé alors dans un profond sommeil lui & ses petit. Les Salamandres y mirent le feu, & comme il étoit de matiere fort seche, il prit flâme aussi-tôt, de sorte qu'en peu de temps il fut réduit en cendre avec l'éprevier & sa famille. Une étincelle de la colere de Dieu, excitée par la malice de l'éprevier, causa cet embrasement : Pour peu que l'on fasse d'attention, ajouta Demneh, & que l'on prenne son temps & les mesures necessaires, cet exemple fait voir, si foible que l'on puisse être, qu'il y a des moyens de se venger, même des ennemis les plus puissans.

Quand je serois capable, dit Kelileh, d'approuver un dessein aussi pervers que le vôtre, qu'aucun exemple ne peut autoriser, je ne crois pas qu'il soit aisé de l'executer. En l'état où je vois que les choses sont présentement, que le Roy fait distinction de Choutourbeh pardessus tous ceux qui forment sa cour, vous entreprenez inutilement de l'obliger à changer de sentiment. Les Rois n'abandonnent pas sans sujet un favori qu'ils ont une fois élevé au premier degré de leur faveur. Il faut que le favori soit très-coupable avant de venir à cette extremité ; sçavez-vous pourquoi le bois va au dessus de l'eau, & ne coule pas à fond ? C'est que l'eau croiroit faire une injustice, d'abaisser ce qu'elle a nourri & élevé.

Ne trouvez-vous pas, repliqua Demneh, que c'est un sujet suffisant pour travailler à la destruction de Choutourbeh, que le Roy lui donne toute sa confiance, qu'il ne veut plus voir que lui, & que par cette préference il rebute generalement tout ce qu'il y a de plus considerable à sa cour ? Qu'il ne fait rien que par son avis, & n'écoute plus les conseils de ses autres Ministres ? L'état & la personne même du Roy seroient exposez à de trop grands dangers si cela continuoit. Je ne vous dis rien de moi-même; ce sont les Politiques, qui remarquent que la ruine d'un Royaume, & d'un Roy qui le gouverne, peut être causée en six manieres.

1. Par le desespoir des courtisans privez de charges, ou negligez, & par le mépris des personnes sages & experimentées, lorsqu'on les éloigne des conseils.

2. Par une guerre déclarée sans sujet, & par un gouvernement inégal, & purement de caprice.

3. Par le déreglement des passions ; c'est-à-dire, en se donnant aux femmes, à la chasse, à la débauche du vin, au jeu, aux concerts.

4. Par les disgraces du temps, comme par la peste, par la famine, par les incendies, par les enfoncemens des terrains que

causent les tremblements de terre, ou par les inondations.

5. Cela arrive encore par une trop grande severité, en faisant tout par colere, & en châtiant trop rigoureusement.

6. Enfin, en prenant le contre-pied de toutes choses ; c'est-à-dire, en faisant la paix lorsqu'il faut faire la guerre, en faisant la guerre lorsqu'il faut faire la paix ; en usant de clemence, lorsqu'il faut être severe, & en donnant des récompenses à ceux qui mériteroient d'être punis.

Kelileh interrompit Demneh en cet endroit : C'en est assez, dit-il, je vois bien Demneh que ce n'est ni l'interest du Roy, ni l'interest de l'état qui vous touche. Vous êtes animé par le seul ressentiment que vous avez dans le cœur contre Choutourbeh, de qui vous avez résolu la perte. Ne vous y trompez pas; la fin de ceux qui font le mal, n'est pas heureuse, & les mauvais desseins des envieux retombent sur les envieux mêmes. C'est une verité constante : Qui fait le mal, trouve le mal. Il ne jouit pas longtemps de sa malice, il en reçoit bien-tôt le châtiment. Si l'on veut profiter de ce qui se passe tous les jours dans le monde; le bien est suivi de la récompense, & le châtiment suit les méchantes actions. Un tyran en profita comme il le devoit, & il fut le Roy le plus juste de son temps. Demneh voulut sçavoir cette histoire, & Kelileh la lui raconta en ces termes.

# LE TYRAN.

## CONTE.

UN Roy des siecles passez, gouvernoit ses Etats avec tant de barbarie, que ses sujets ne pouvoient plus le supporter, & n'avoient d'autre recours qu'à Dieu, qu'ils prioient de l'ôter de ce monde, ni d'autre consolation, que de le combler de mille imprécations. Il étoit même si connu au dehors, que jamais ses voisins ne parloient de lui, qu'en le nommant le tyran. Au retour d'une chasse, ce Roy par un changement d'autant plus surprenant, que personne ne s'y attendoit, envoya des Herauts par les carrefours de la ville faire cette proclamation de sa part: Mon peuple, mon insensibilité a été jusques à présent un voile qui m'a empêché d'appercevoir la droiture que je devois suivre en regnant, & ma cruauté m'a fait plonger le poignard dans le sein des innocens. Ce que je vous annonce doit vous réjouir. Je vous déclare que desormais je serai ferme & constant à vous procurer toute sorte de bonheur, & à vous rendre fidellement la justice que je vous dois. J'ay assez de confiance sur la sincerité de la conduite que je me propose, pour assurer que dans la suite personne ne souffrira le moindre dommage. Toute la terre sera remplie du bruit de ma modération, & la joie sera dans tous mes Etats par les liberalitez & les bienfaits que j'y répandrai.

Cette proclamation causa une joye inexprimable à tout le peuple, encore plus l'effet qui la suivit. Tous les sujets goûterent un repos qui leur étoit inconnu, & la justice fut observée si exactement pendant le reste du regne de leur Roy, que l'on voyoit les faons & les agneaux sucer le lait des lionnes; le lievre se jouer avec le levrier; le faucon & la perdrix dans le même nid, & l'oie voler de compagnie avec l'aigle. L'on ne parla plus même de la justice qui rendoit la mémoire de Noufchirvan si fameuse, sa place fut remplie par ce Roy, avec le surnom *de Juste*.

Ce changement parut d'autant plus admirable à tout le

*& Fables Indiennes.* 347
monde, que l'on en ignoroit la cause, & que l'on ne pouvoit comprendre comment l'on pouvoit si subitement passer de tant de vices à tant de vertus, & montrer tant de constance à y perseverer. L'on en fut éclaircy par l'entremise d'un favori du Roy, qui le supplia un jour d'agréer la liberté qu'il prenoit de lui demander le motif d'un retour si surprenant : En voici la raison, répondit ce Monarque, dans la derniere chasse que je fis, comme je poussois un lievre, je vis qu'un chien avoit pris le change & poursuivoit un renard. Il l'attrapa par une jambe, & la lui rompit. Le renard échapa, & se fourra dans une taniere. Le chien qui vit que le renard ne sortiroit pas de-là, pour venir se jetter entre ses pattes,

le laissa & se remit sur les voyes du lievre avec les autres chiens. Un passant qui vit le chien traverser son chemin, lui jetta une pierre avec tant d'adresse, qu'il lui rompit une jambe, de même qu'il avoit rompu celle du renard. Peu de temps après, un cheval marcha sur le pied du passant, & vengea le chien. Mais le cheval n'eut pas fait quelques pas, qu'il fourra le pied dans un trou, & se blessa si dangereusement, qu'il en fut boiteux. Témoin de ces exemples : Voi-tu, me dis je à moi-même, que ces differens sujets ont reçû chacun la récompense de leur méchante action ? La perdrix mange la fourmi, le faucon punit la perdrix, & l'aigle traite le faucon de la maniere qu'il a traité la perdrix.

Qui tue, enfin, est tué. Rien ne demeure impuni ou sans récompense, soit que l'on fasse le mal ou que l'on fasse le bien. Un exemple comme celuy-cy, ajouta Kelileh, devroit vous détourner du dessein que vous avez de vous vanger, de crainte que vous n'en ayez pas le succés que vous attendez.

Demneh ne profita pas d'une remontrance si vive : Je ne suis pas, insista-t-il, l'agresseur dans cette affaire ; je suis l'offensé & le maltraité. Pourquoi voulez-vous que celui que l'on attaque merite châtiment en cherchant à se vanger de l'aggresseur ? L'offensé est-il coupable en repoussant le mal par le mal.

Puisque je ne puis vaincre votre opiniâtreté, répondit Kelileh, je veux que vous ayez toutes les raisons imaginables de vous venger. Mais comment pourrez-vous venir à bout de faire perir Choutourbeh? Vos forces ne sont pas égales aux siennes. Il aura beaucoup plus d'amis & de gens qui prendront son parti, que vous n'en avez.

Ce n'est point par la force, repartit Demneh, ni par les puissans secours, que l'on réussit, même dans les affaires les plus perilleuses. La prudence & la sagesse y operent davantage. Dans la morale, comme vous le sçavez, la sagesse est préferée à la force; parce qu'elle execute des choses dont la force ne peut venir à bout. Le Sage, dit un Poëte, execute des choses par ses paroles, que cent armées jointes ensemble ne pourroient pas executer. N'avez-vous jamais oui dire, de quelle maniere un corbeau fit perir un serpent? Je n'ai pas connoissance de cette histoire, dit Kelileh, vous pouvez me l'apprendre. Demneh la lui raconta, & dit.

## LE CORBEAU, LE SERPENT, ET LE RENARD.

### FABLE.

UN corbeau avoit choisi le lieu de sa retraite sur la pente d'une montagne, & avoit construit & menagé son nid dans la fente d'un rocher. Mais un serpent du voisinage avoit la malice d'aller dévorer ses petits, toutes les fois qu'il en avoit. Le corbeau piqué de l'insolence du serpent, affligé de la perte qu'il faisoit, résolut enfin d'en tirer vengeance, & il en imagina un moyen. Avant de rien entreprendre, il alla le communiquer à un renard de ses voisins, & de ses amis, & après qu'il lui eut raconté le sujet de sa douleur: Ma pensée, dit-il, est d'observer le temps que le serpent sera endormi, & de lui arracher les yeux, afin qu'il ne puisse pas voir mes petits, & que je n'aye plus rien à craindre du mal qui m'est déja arrivé.

Je me garderois bien, repartit le renard, d'approuver votre conseil, il est trés-méchant. Quand on a de l'esprit & que l'on veut détruire un ennemi, l'on s'y prend d'une maniere à ne pas exposer sa vie comme vous l'exposeriez en executant votre projet. Il pourroit vous arriver la même chose qu'à un certain oiseau de riviere, grand mangeur de poissons, qui perit lui-même entre les serres d'une écrevisse, en voulant la faire perir. Le corbeau pria le renard de lui raconter de quelle maniere la chose étoit arrivée, & le renard le satisfit.

# LE HERON, L'ECREVISSE, ET LES POISSONS,

### FABLE.

UN heron, dit le renard, demeuroit sur le bord d'un étang, & faisoit un grand butin de poissons, dont il pêchoit chaque jour ce qui lui suffisoit pour sa subsistance; & de cette maniere, il passoit sa vie avec toute les commoditez & tout le plaisir imaginable. Il la continua plusieurs années; mais enfin, parvenu à une grande vieillesse ses forces diminuerent conside-

Tome 1.<sup>er</sup> p.<sup>e</sup> 354.

rablement, & il s'apperçut qu'il n'avoit plus la même agilité pour pêcher qu'il avoit autrefois; effrayé de cette disgrace: Infortuné que je suis, dit-il en lui-même, mes ans sont écoulez, & ne retourneront plus. Ne devois-je pas dans la force de mon âge, connoître mieux le bon usage que j'en devois faire, & amasser dès-lors, dequoi vivre dans ma vieillesse? Présentement les forces me manquent absolument, & je ne suis plus propre à rien. Il faut vivre, cependant, ou m'attendre à mourir de faim? Ne pourrois-je pas trouver quelque moyen de suppléer au défaut de ma vigueur passée? Il faisoit ce raisonnement sur le bord de l'étang, fort triste & fort mélancolique, & il étoit en cette dernier pensée lorsqu'une écrevisse qui l'avoit apperçû, s'approcha de lui : Ami, lui dit-elle, vous voilà bien triste & rêveur ! Peut-on vous demander quel sujet vous avez de n'avoir pas l'air gai & content ?

Le heron profita de cette demande, & inventa en même temps une fausse nouvelle : comment voulez-vous, répondit il à l'écrevisse, que je ne sois pas triste, ou plûtôt, comment voulez-vous que je ne meure pas de chagrin ? Vous sçavez que le bonheur de ma vie consistoit à pêcher chaque jour un certain nombre de poissons dont je vivois sans leur faire une trop grande persecution, parce que j'avois la retenue de n'en pas dissiper au-delà de ce que j'en avois besoin. Mais un de ces jours, deux pêcheurs qui passoient le long de cet étang, s'entretenoient de la grande quantité de poissons qu'il renferme, & disoient qu'il falloit y remedier. L'un des deux ajoûtoit; il y a plus de poissons dans un tel étang que dans celui-ci; nous viendrons à ce dernier quand nous aurons vuidé celui-là. Si cela arrive, continua le heron, c'est-à-dire, qu'il faut songer à sortir de ce monde, & me résoudre à subir bien tôt la mort.

L'écrevisse épouvantée de cette nouvelle, alla sur le champ l'annoncer à tous les poissons de l'étang, qui en eurent une grande allarme. Dans leur consternation, ils vinrent tous au heron conduits par l'écrevisse, & l'un d'eux prit ainsi la parole: L'écrevisse que voici, dit-il, nous a annoncée une nouvelle qu'elle a apprise de vous, & qui nous jette dans la derniere affliction. Plus nous nous efforçons de chercher, comment nous pourrons parer le coup, plus nous sommes dans l'irrésolution, & nous venons à vous pour vous supplier de nous aider de votre conseil. Il est vrai que vous êtes notre ennemi ; mais un ennemi sage comme vous l'êtes, ne refuse pas d'écouter ses ennemis, lorsqu'ils ont recours à lui, sur tout dans une affaire comme celle-ci, où il a quelqu'interêt. Vous tombez même d'accord, que votre conservation dépend de la nôtre. C'est pour cela que nous n'hesitons pas de vous demander ce que vous croyez que nous pouvons faire pour éviter le mal dont nous sommes menacez.

Le rapport que l'on vous a fait, répondit le heron dissimulé, est très-veritable. J'ai entendu moi-même la nouvelle de la bouche des pêcheurs, & autant que j'ai pû juger au ton dont ils parloient, rien n'est capable d'empêcher qu'ils n'executent leur résolution. J'ai pensé avec soin au remede que l'on pourroit y apporter ; mais je n'en voi pas d'autre que celui que je vais vous proposer : Il y a dans le voisinage un autre grand étang, dont l'eau est la plus nette & la plus claire que l'on puisse voir, jusques-là que l'on distingue tous les grains de sable qui sont au fond, quoique les plongeurs les plus habiles ne puissent pas y arriver. Les pêcheurs n'y touchent aussi jamais, parce qu'il n'y a pas d'issue pour en faire écouler l'eau. C'est justement la retraite qui vous convient. Trouvez seulement le moyen de vous y faire transporter, & vous passerez le reste de votre vie tranquillement & le plus agreablement du monde.

Votre conseil est admirable, dit le poisson qui avoit déja parlé, nous vous en sommes obligez; mais nous ne pouvons passer à l'étang que vous dites, si vous ne voulez bien nous secourir en cela, & nous prêter votre assistance.

Je ne refuse pas, repartit le heron, d'employer le peu de forces qui me restent pour vous obliger davantage en cette occasion. Convenons donc de la récompense que vous me donnerez, & hâtons-nous de faire diligence. Il est à craindre que les pêcheurs ne viennent, & que leur

leur arrivée ne rende nos résolutions inutiles, si nous ne profitons du temps.

Les poissons le prierent avec instance & les larmes aux yeux, de ne pas les abandonner. L'accord se fit enfin de part & d'autre, & le heron se chargea d'en prendre chaque jour ce qu'il pourroit, & de les transporter à l'étang qui leur avoit marqué. Ainsi il se présentoit le matin chaque jour, & les poissons venoient à lui en foule. Il en prenoit autant qu'il vouloit, & les transportoit dans un bocage voisin, où il en mangeoit une partie, & faisoit un magasin des autres pour sa provision. Chaque fois qu'il retourneroit à l'étang, il trouvoit les poissons assemblez qui se pressoient à qui seroient transportez les premiers, & son plaisir étoit de voir comment ils se hâtoient d'arriver eux-mêmes à leur perte. De-là, il est aisé de remarquer avec quel aveuglement ceux qui se fient trop facilement à leurs ennemis, se jettent eux-mêmes dans le précipice.

Au bout de quelques jours, l'écrevisse qui avoit aussi une forte envie d'être transportée au nouvel étang se présenta, & supplia le heron de la prendre. Il s'approcha d'elle, & aprés l'avoir prise sur son col, il la porta non pas à l'étang, mais au cimetiere des poissons. L'écrevisse apperçut de loin les arrêtes des poissons, & comprit d'abord la trahison & la fourberie. Qui connoît, dit-elle, en elle-même, que son ennemi va lui ôter la vie, & ne le prévient pas quand il a la puissance de le faire, devient homicide de soi-même. S'il fait succomber son ennemi, il s'acquiert une gloire immortelle dans la postérité; s'il succombe, la postérité l'excuse & le loue d'avoir fait voir qu'il ne manquoit pas de courage. En achevant ce raisonnement, l'écrevisse se colla au col du heron, & le pinça si vivement de ses serres, qu'elle n'eut pas de peine à l'étouffer. Il tomba du haut de l'air en terre, où l'écrevisse ne le quitta point qu'il n'eût perdu tout mouvement. Enfin, quand elle vit qu'il étoit mort, elle lâcha prise, & retourna à l'étang en grande diligence. Là, en présence du reste des poissons étonnez de le revoir, & qui s'assemblerent autour d'elle, elle fit l'oraison funebre des amis &

des camarades qu'ils avoient perdus, & les consola en même temps de cette perte, en leur faisant connoître le danger dont ils étoient délivrez, par la vengeance qu'elle avoit prise de leur ennemi commun. Les poissons regrettoient les morts, comme ils le devoient, & détesterent la perfidie du heron; mais ils eurent deux grands sujets de joie, l'un de ce qu'ils vivoient, & l'autre de ce que leur ennemi mortel n'étoit plus. Cette fable, ajouta le renard, en adressant toûjours la parole au corbeau, nous apprend qu'une infinité de ceux qui entreprennent de tromper, perissent par les mêmes fourberies dont ils se servent. Mais je veux vous mettre en un chemin par où vous viendrez à bout infailliblement de ce que vous souhaitez, sans courir aucun risque.

Le corbeau joyeux de l'affection avec laquelle le renard entroit dans ses interests : Vous pouvez, lui dit-il, m'ordonner tout ce que vous jugerez à propos, je suivrai exactement votre conseil.

Il faut, reprit le renard, que vous preniez votre vol du côté des maisons les plus voisines, & que là élevé en l'air, vous observiez s'il n'y a rien d'exposé sur les terrasses que vous puissiez enlever, comme du linge, ou autre chose. Prenez en votre bec ce qui se présentera, & continuez de voler, mais de maniere que l'on ne vous perde pas de vûe. Lorsque vous serez arrivé à l'endroit où sera le serpent, laissez tomber la chose enlevée, en présence de tous ceux qui vous auront suivi. Il est certain qu'en courant pour la recueillir, ils appercevront le serpent & le tueront. Voilà un moyen très-sûr pour vous délivrer de votre ennemi, sans rien hazarder de votre part.

Le corbeau instruit par le renard, prit son vol du côté de la ville, où il apperçut sur une terrasse, une femme qui prête à savonner du linge, ôta de son col un talisman d'or, & le posa dans un coin pour être plus libre. Elle n'eût pas plûtôt le dos tourné, que le corbeau fondit sur le talisman & l'enleva. Au bruit qu'il fit, la femme se retourna, cria au secours, & pria que l'on observât le voleur. Le corbeau vola avec la précaution que le renard lui avoit marquée,

arriva à l'endroit où étoit le serpent, & laissa tomber le talisman sur lui. Ceux qui l'avoient
suivi apperçurent le serpent, &
ne manquerent pas de l'écraser,
& de rendre au corbeau ce service signalé qu'il attendoit d'eux.
De ce que je viens de rapporter,
ajouta Demneh, vous voyez que
l'on obtient par adresse ce que
l'on ne peut obtenir par la force.

Il faut avouer, repliqua Kelileh, que vous avez un talent
particulier pour dire les plus belles choses du monde, mais Choutourbeh est plus robuste que vous
& a plus d'esprit que vous n'en
avez. Quelqu'endroit que vous
puissiez tenter pour le surprendre par votre malice, sa prudence lui fournira des moyens
pour s'en appercevoir, & pour y
remedier, & quelques ruses que

vous mettiez en usage, jamais vous ne viendrez à bout de faire autant de nœuds que vous voudrez, qu'il ne les dénoue par sa sagesse. Je vois bien que l'histoire du lievre qui tomba dans le piege qu'il avoit tendu vous est inconnue. Demneh avoua qu'il n'en avoit point de connoissance, & témoigna qu'il l'apprendroit avec plaisir, Kelileh la lui raconta ainsi.

# LE LOUP,
## LE LIEVRE,
### ET
## LE RENARD.

### FABLE.

UN loup, dit-il, que la faim avoit contraint de sortir hors du bois, marchoit par la campagne, & cherchoit de quoi se rassasier. En passant prés d'un buisson, il apperçut un lievre qui dormoit au milieu d'un profond sommeil. Ravi de son bonheur, il s'approche à petits pas & sans bruit, autant qu'il lui étoit possible. A son souffle neanmoins, & au bruit qu'il faisoit en marchant, le lievre s'éveilla, & fit un saut pour prendre la fuite. Le loup le prévint & l'arrêta : Vien, vien, dit-il, ne t'éloigne pas, j'ai besoin de ta présence pour ma consolation dans l'état où je me trouve. Le lievre effrayé de l'aspect affreux du loup, eut recours aux prieres pour le flechir, & en baissant la tête à ses pieds : Seigneur, dit-il, qui tenez un des premiers rangs parmi les animaux, je sçai que vous avez une faim des plus ardentes, qu'elle vous prend souvent, & que vous ne pouvez être longtemps sans manger. Mais quel repas pourriez-vous faire d'un morceau d'aussi peu de consequence que je suis ? Un renard gros & gras demeure dans ce voisinage. C'est bien plûtôt vôtre fait, si vous voulez prendre la peine de venir avec moi, j'aurai l'honneur de vous conduire au lieu de sa retraite, & là, par un tour de mon adresse, je promets de le mettre entre vos pattes. Si cette bonne fortune vous agrée, à la bonne heure, si elle ne vous plaît pas, je suis toûjours prêt de subir mon destin. Vous ne perdrez rien à differer de quelques momens, & vous avez à esperer d'y gagner beaucoup davantage.

L'esperance d'un meilleur butin, fit que le loup se laissa persuader, & qu'il suivit le lievre jusques à la taniere du renard. Mais ce renard étoit le plus intelligent, le plus fin, le plus adroit & le plus rusé de tous les renards d'alentour, & il eut pû faire des leçons de fourberies à ceux qui se piquoient d'y exceller. Le lievre avoit un démêlé avec lui depuis longtemps, & vouloit profiter de l'occasion pour en prendre vengeance sans y rien mettre du sien. Il laissa le loup à l'entrée, entra dans la tanniere, & salua le renard avec beaucoup de civilité. Le renard de son côté lui rendit civilité pour civilité : Vous êtes le bien venu, lui dit-il, d'où venez-vous ? Approchez, prenez place, j'ai bien de la joie de vous voir.

Il y a longtemps, dit le lievre, que je desirois de vous voir ; mais differens obstacles, causez par de fâcheuses conjonctures, & ma mauvaise fortune m'ont privé malgré-moi du plaisir que je me proposois. Il y a je ne sçai quel démon en ce monde, qui se fait une loi de mettre barrieres sur barrieres entre les meil-

& Fables Indiennes. 373

leurs amis, & de leur ôter la satisfaction de se rencontrer & de jouir les uns des autres. Mais enfin, un saint personnage d'entre les animaux nos confreres, d'un mérite trés rare, & d'une vertu consommée, qui honore cette contrée de sa présence au retour d'un pelerinage, desire de vous voir en passant, & de profiter de votre exemple sur le bruit d'une retraite aussi exemplaire que la vôtre. Il s'est adressé à moi pour lui servir d'introducteur auprés de vous. C'est ce qui me donne lieu en même tems de vous assurer de mon amitié, & de vous demander la continuation de la vôtre. Le personnage dont je viens de vous parler attend à votre porte. Si vous voulez bien lui faire l'honneur de le recevoir, & si vous en avez la commodité, il vous en sera sensiblement obligé. Si quelqu'occupation vous en empêche, ce sera pour une autre fois, & nous prendrons mieux notre temps.

Le renard se doutant de quelque tromperie cachée sous ce discours étudié, ne balança pas à prendre son parti, & résolut de rendre tromperie pour tromperie. Mais en cachant son dessein : Nous faisons profession, répondit-il au lievre, d'obliger & de recevoir toutes sortes de personnes, particulierement les pelerins, à qui nous ouvrons la porte de notre demeure, toute miserable qu'elle est. Jugez de là si je pourrois manquer au devoir d'hospitalité envers une personne aussi sainte & aussi vertueuse que vous me le dépeignez, & envers un Scheich d'une veneration si grande, persuadé qu'un hôte porte le bonheur par tout où il entre, obligez-moi seulement de dire à ce saint personnage, que je le supplie d'attendre un moment que j'aye balayé mon appartement, & préparé une collation convenable à son mérite.

Sur cette réponse, le lievre s'imagina que le renard donnoit dans le panneau, & s'applaudit en lui-même d'avoir réussi dans sa négociation. Il ne douta pas même qu'il ne dût s'aboucher avec le loup. Dans cette pensée : La personne, repartit-il, que je vous amene, est tout en Dieu, & ennemi de ces sortes de céremonies. Il ne veut point de contrainte, & si vous voulez me croire, il ne seroit pas besoin de tous ces préparatifs. Si votre generosité neanmoins ne permet pas que vous vous en dispensiez ; nous ne nous y opposons pas, faites à votre loisir.

En achevant ces paroles, le lievre sortit, & en rendant compte au loup de ce qu'il venoit de faire, il lui assura pour certain que le renard avoit donné dans le panneau, & comme on se plaît naturellement dans ses entreprises, lorsqu'on se flatte d'un heureux succés, il lui exagera l'embonpoint du renard, & lui fit comprendre que jamais il n'avoit mangé rien de plus délicieux. La faim du loup étoit si grande, que l'eau lui en vint à la bouche, & le lievre croyoit lui-même si fermement que c'étoit une affaire faite, qu'il s'imaginoit déja avoir la vie sauve, en consideration du service qu'il rendoit

rendoit au loup; mais il s'abusa vainement dans sa folle imagination.

Le renard naturellement prévoyant en tout ce qui regardoit sa conservation & sa sureté, avoit creusé une fosse au milieu de sa tanniere, qu'il avoit couverte de broussailles, & avoit préparé une issue secrette pour sortir & se sauver dans la necessité. Ainsi du moment que le lievre fut sorti pour rejoindre le loup, il disposa les broussailles d'une maniere à faire l'effet qu'il s'étoit proposé; prêt à sortir par la porte secrette, il appella le lievre & le loup: Chers hôtes, leur cria-t-il, prenez s'il vous plaît la peine d'entrer. Dés qu'il eut entendu qu'ils entroient, il sortit & gagna la campagne. Le lievre & le loup entrerent avec précipitation, & en mettant le pied sur les broussailles, ils tomberent dans la fosse l'un sur l'autre. Le loup s'imagina que le lievre l'avoit joué & le mit en pieces, & en le laissant en cet état, il se retira de la fosse pour aller chercher fortune ailleurs. Selon cette histoire, dit encore Kelileh, jamais le Sage ne neglige rien pour détourner les tromperies, & sa vigilance empêche qu'on ne le surprenne.

Je ne doute pas, reprit Demneh, que ce que vous venez de dire, ne puisse arriver quelquefois ; mais Choutourbeh est ébloui de l'éclat de sa grandeur à un tel excés, qu'il ne se connoît pas lui-même. Il ne soupçonne pas que je puisse jamais avoir de l'inimitié contre lui, ni que personne ait intention de le surprendre. Jugez si je ne dois pas profiter de son aveuglement, & me servir de la facilité que je trouve pour le précipiter du haut de sa gloire. Moins un ennemi craint d'être découvert, mieux il porte son coup. Mais en reconnoissance de l'histoire que vous venez de me raconter, je veux vous parler d'un autre lievre qui eut plus d'adresse à faire perir un lion, si vous n'en êtes déja informé. Non, repartit Kelileh, elle n'est pas venue jusques à moi, vous pouvez m'en faire le récit. Demneh continua de parler, & dit.

# LE LION,

Trompé par le LIEVRE.

## FABLE.

AUx environs de Bagdad, plusieurs sortes d'animaux habitoient une campagne extrêmement agreable par les pâturages, les bocages, les fontaines & les ruisseaux dont elle étoit arrosée, & ils y avoient été attirez par tous ces avantages. Mais leur repos étoit furieusement troublé par la cruauté d'un lion sanguinaire, qui les dévoroit chaque jour en grand nombre.

Aprés plusieurs assemblées & plusieurs déliberations sur le remede qu'ils apporteroient à cette persécution, les animaux en corps se présenterent à lui avec un grand respect, & aprés une réverence profonde, celui qui avoit été député pour porter la parole parla en ces termes : Sire, nous sommes tous courtisans, domestiques, ou sujets de votre Majesté, en quelque qualité que nous ayons l'honneur d'être auprés d'elle, nous sommes en des craintes continuelles, tant lorsqu'elle poursuit quelqu'un de nous pour en faire son repas, que lorsqu'elle nous laisse en repos, dans l'attente où nous sommes d'un semblable destin. Pour la délivrer de la peine qu'elle se donne, & nous d'une inquietude mortelle, nous avons pensé de lui envoyer chaque jour suffisamment dequoi vivre, & cette pitance ne lui manquera jamais à l'heure qui nous sera marquée, si elle veut bien agréer l'offre que nous lui faisons.

Le lion voulut bien accepter cette proposition; les animaux pour s'acquitter de leur promesse, tiroient tous les jours au sort, & lui envoyoient regulierement celui d'entre eux sur lequel il étoit tombé. Cela dura longtems de cette maniere, jusqu'à ce que le sort tomba sur un lievre qui le reçut avec une grande fermeté. Il demeura neanmoins quelque temps la tête baissée, en faisant réflexion sur sa destinée, & en cherchant quelque moyen pour se tirer d'affaire. Ensuite il tint ce discours aux animaux qui étoient encore assemblez: Je ne vous demande pas, leur dit-il, que vous me dispensiez d'aller me présenter au lion comme une victime; le sort m'y oblige, je ne veux pas que l'on puisse me reprocher d'avoir moins de résignation que mes confreres, qui m'ont précedé dans ce sacrifice. Permettez-moi seulement de differer de quelques momens l'execution de mon devoir auquel je me soumets de bon cœur. J'ai un dessein dont le succez peut vous délivrer tous de l'insolence du tyran, & le peu de retardement que je demande contribuera peut-être à le faire réussir. Les animaux se firent un plaisir de lui accorder ce qu'il demandoit, & l'encouragerent par mille benedictions, à faire ce qu'il jugeroit à propos pour un si grand bien. Le temps qu'il avoit demandé étoit uniquement pour attendre que l'heure du repas du lion fût écoulée. Lorsqu'elle fut passée, & qu'il vit que sa pitance n'étoit pas arrivée, il entra dans une très-grande colere, il fremit, il grinça les dents & se mit à rugir d'une force épouvantable. Il étoit en cet état, lorsque le lievre arriva, & remarqua qu'il frapoit la terre de sa queue, marque de l'excès de la vengeance qu'il méditoit. Il s'approcha, & le saluant avec de grandes humiliations : D'où viens-tu, lui demanda le lion, d'un ton qui faisoit assez connoître son emportement ? Que font tes freres ? Quel motif ont-ils d'avoir été aujourd'hui si negligens ?

Sire, répondit le lievre, ils avoient député votre esclave que voici, pour amener à votre cuisine un de mes camarades que le sort avoit destiné à votre Majesté :

Majesté. Mais par malheur en passant par la forêt voisine, un autre lion nouvellement venu, me l'a enlevé malgré moi. J'ai voulu lui remontrer qu'il enlevoit ce qui appartenoit au Roi de ces campagnes, mais inutilement. Il n'a pas eu d'égard à mes instances ; il m'a reparti en vomissant mille injures, & des blasphêmes horribles : Malheureux & insensé, m'a-t-il dit, ignores-tu que cette forêt est la garenne de reserve de ma Majesté, & ne sçais-tu pas que chaque forêt a son lion pour Seigneur ? A ce discours insolent il a ajoûté des railleries piquantes contre le respect dû à votre Majesté, qui n'eussent pas été impunies, si ma force eût égalé mon courage. Mais le danger où j'étois moi-même, m'a obligé de m'éloigner au plus vîte de sa presence, & de venir rendre compte à votre Majesté de la violence de son procedé.

Le Lion furieux & comme enragé, au récit de cette nouvelle: C'est moi, dit-il, qui apprend le devoir aux Lions, lorsqu'ils ont la témerité de m'insulter: Où est ce rebelle, qui a osé mettre la patte sur un morceau qui m'appartenoit? Pourrois-tu me conduire où il est, afin que tu voyes comment je te ferai bonne justice, & de quelle maniere je me vangerai?

Oui, Sire, répondit le Lievre, je sçai le lieu de sa retraite, & je suis prêt de vous y servir de guide. Aprés sa malhonnêteté, & les paroles insolentes dont il a maltraité votre personne royale, je me fusse repeu de son sang avec autant de plaisir que les bons bûveurs avalent le vin, si j'eusse pû le faire, & je vous eusse apporté son crane pour vous servir de tasse. Mais j'espere de le voir bientôt réduit à la raison par vôtre valeur incomparable. En disant cela, il marchoit devant le Lion, & le Lion qui n'entendoit pas de finesse, & qui croyoit tout ce qu'il venoit d'entendre, le suivoit. Ils arriverent prés d'un puits dont l'eau étoit trés profonde ; & comme elle étoit trés-claire, elle representoit tous les objets qu'elle recevoit avec une netteté admirable. Sire, dit alors le Lievre au Lion, c'est ici que l'ennemi de votre Majesté a fait sa retraite ; mais je crains de me presenter devant sa face redoutable, & je ne puis le lui montrer qu'elle ne veuille bien me prendre sur son dos pour ma sûreté. Le Lion le prit sur ses épaules, & regarda dans le puits, où il se vit lui & le Lievre. Animé comme il étoit, il crut que ce qu'il voyoit étoit le Lion qu'il cherchoit & le Lievre qui lui avoit été enlevé, & poussé par le desir de vengeance, il donna seulement au Lievre le temps de se retirer de dessus son dos ; & d'un saut leger, il se jetta dans le puits, où il se noya.

Le Lievre sain & sauf alla rejoindre les animaux, leur fit le récit d[e] la belle action qu'il venoit de faire ; & les animaux après mille remerciemens, témoignerent par autant d'exclamations, la joye qu'il avoient de pouvoir vivre desormais dans une liberté entiere. Quelle dou-

& Fables Indiennes. 389
eeur, s'écrierent-ils, d'être vengez d'un ennemi ? Quel plaisir de pouvoir passer la vie en ce monde sans obstacles ? Cette histoire, ajoûta Demneh, vous fait voir que l'on peut surprendre, & vaincre un ennemi quelque puissant qu'il soit, & lui donner le coup mortel, malgré les avantages & les ressources qu'il peut avoir : je tombe d'accord, lui dit encore Kelileh, que l'on pourroit en quelque maniere vous excuser chez les Politiques, s'il étoit possible de faire perir Choutourbeh sans risque de la personne du Roy; mais si cela ne se peut sans l'inconvenient que je vous marque, croyez-moi, je vous en supplie, abandonnez cette pensée, & n'executez pas un dessein si criminel. Vous deviendriez

l'execration de tout l'Univers si le moindre mal étoit arrivé à votre bienfaiteur par votre faute.

Leur entretien finit en cet endroit, & Demneh se retira chez lui, où il demeura pendant un temps considerable sans aller rendre ses respects au Roi.

*Fin de la premiere Partie.*

# TABLE

Des Chapitre, Contes & Fables contenus en cette premiere Partie.

Avanture d'Humaiounfal, page 1
Histoire de Dabchelim & de Bidpaï, 41
Testament du Roi Houschenk, 58
Les deux Pigeons, Fable. 78
Le Vautour & le jeune Faucon, Fable. 111
La Vieille & le Chat maigre, Fable. 124
Le fils d'un Artisan, Conte. 140
Le jeune Leopard, Fable. 157
CHAPITRE I. Qu'il ne faut pas écouter les discours des médisans. 173
D'un Marchand & de ses deux fils, Conte. 181
Le Roi & le Derviche, Conte. 189
Le Derviche & la petite Corneille, Conte. 208
La Souris prodigue, Fable. 219
Le Singe & le Menuisier, Fable. 238
Les deux Voyageurs, Conte. 247

# TABLE.

*Le Renard & le Tambour*, Fable. 290
*Le Derviche & le Voleur*, Conte. 309
*Les deux Moineaux & l'Eprevier*, Fable. 332
*Le Tyran*, Conte. 344
*Le Corbeau, Le Serpent & le Renard*, Fable. 351
*Le Heron, l'Ecrevisse & les Poissons*, Fable. 354
*Le Loup, le Lievre & le Renard*, Fable. 369
*Le Lion trompé par le Lievre*, Fable. 380

### Fin de la Table.